JN215720

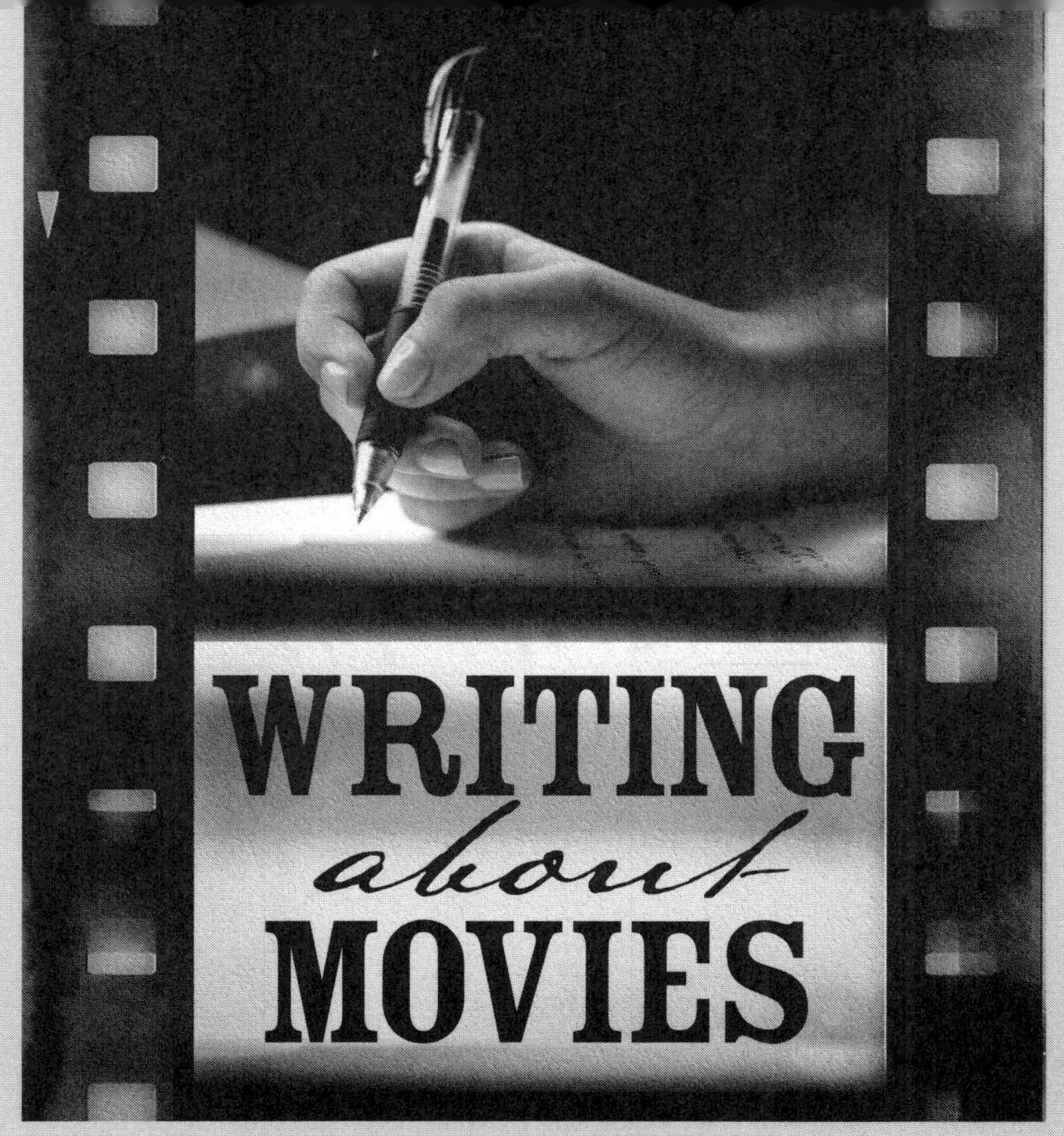

映画で実践！

アカデミック・ライティング

カレン・M・ゴックシク KAREN M. GOCSIK
デイブ・モナハン DAVE MONAHAN
リチャード・バーサム RICHARD BARSAM
訳＝土屋武久 TAKEHISA TSUCHIYA

小鳥遊書房

Copyright©2019, 2016, 2013 by W. W. Norton & Company, Inc.
Japanese translation rights arranged with W. W. Norton & Company, Inc.
through Japan UNI Agency, Inc., Tokyo

目次

第❶部　書くための準備

第❷部　どのようなプロセスで書くのか

第❺章　アイディアを生み出す　97

第❻章　映画を研究する　115

第❶部

書くための準備

Part 1: Preparing to Write

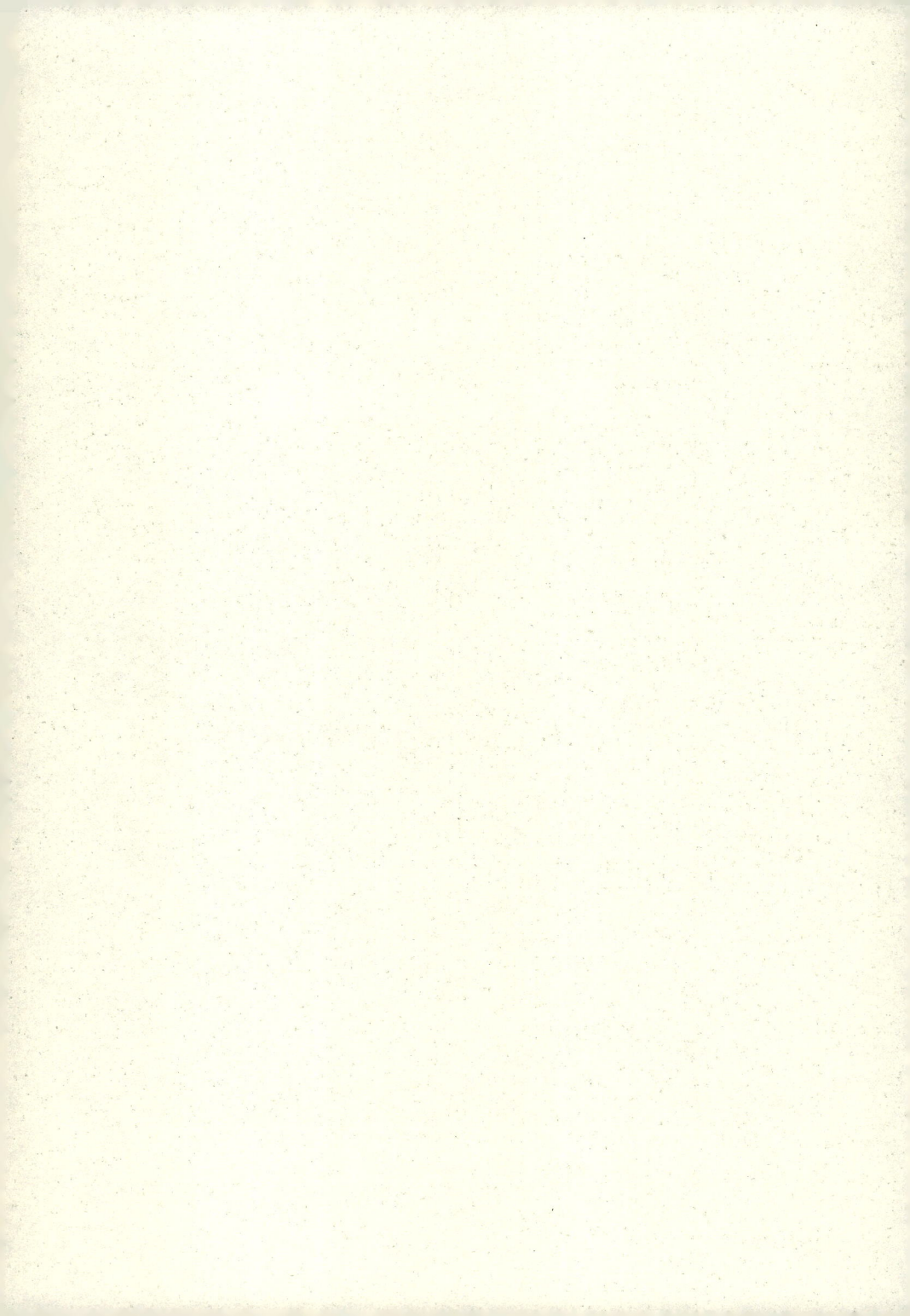

第1章　映画について書くことの困難

1　The Challenges of Writing About Movies

映画について書くこと。そのなにがむずかしいのでしょうか？　われわれはみな、曲がりなりにも映画というものを知っているではありませんか。リンカーンのゲティスバーグ演説を諳（そら）んじるのは無理だとしても、映画『ハンガーゲーム（*Hunger Games*）』のプロットを空で言うのなら朝めし前、と感じるひとが大半ではありませんか。現実世界の住人よりも、『ロード・オブ・ザ・リング（*The Lord of the Ring*）』三部作の舞台「中つ国」に住まう虚構の登場人物たちのほうを、われわれはよく知っているではありませんか。

けれども、映画に親しんでいるというこの事実こそが、映画について書くうえで最大の困難ともなるのです。映画がこれほどまでになじみ深く、生活に浸透しているからこそ、われわれは映画を受動的に観ることに安んじてしまうのです。その結果、映画の特定の側面を見落としてしまうことがしばしばです。映画の娯楽性で頭がいっぱいだと、カメラワーク、構成、編集、照明といったことがらを、われわれはつい「見落とし」てしまいます。音響効果も聴こうとしなくなる。さらにはどんな映画にもつきものの、製作上の葛藤——たとえば、いく度にもわたる脚本の書き直し、資金調達の苦労、キャスティングのむずかしさ、映画上映に至るまでの何百もの意思決定——を見ようともしなくなる。

ですが、教師があなたに映画について書きなさいと命じる際、あなたが注目するよう期待されているのは、まさにこうした**不可視**な側面です。あなたはカメラの動きに注意せねばならない。フレーム内の構成（照明、陰影、配置）をじっくり観察しなければならない。その映画がどのように編集されたかを、考えてみなければならない。音響効果にも注意しなければならない。要するに、映画を構成するさまざまな要素について考察し、それらが単独に、また総合的に、どのように機能するかを検討しなければならないのです。映画をさまざまな構成要素に分割すること、それによって自分が目にするものを〈分析〉できるわけです。

映画が製作された当時の時代背景や、製作事情、製作者について考えてみることも可能でしょう。映画製作の背景、観客の反応、映画とそれが製作・公開された時代の文化との関係を考察することで、映画についてあなたが分析したこととその映画のコンテクストとを〈総合〉できます。つまり、あなたが考えたり感じたりしたことを、アカデミックと呼ぶにふさわしい論文・レポートに、まとめ上げることができるのです。

ここで、この話題に深入りするに先だって、もっと一般的な疑問をとりあげることにしましょう。

◉アカデミック・ライティングとはなにか？

アカデミック・ライティング（「学術論文」と呼ばれることもあります）とは、簡単にいうなら、研究者が自分以外の研究者たち（そのなかにはあなたも含まれます）に向けて書いたもののことです。大学生であるあなたも、研究者たちが数世紀にもわたって携わってきたことに携わるわけです。つまり、深遠な思想について、あなたも読み、考え、議論し、書くわけです。もちろん、研究である以上、一定の方法で読み、考え、議論し、書くことが求められます。研究者集団の作法にしたがって、自分の主張をし、それを裏づけることが必要となるのです。

そうした作法とは、どのようなものでしょうか？　文芸理論家のケネス・バークが、学術研究とは進行中の会話のようなもの、と述べたことはよく知られていますが、この喩（たとえ）は的を射ています。あなたがたったいまディナー・パーティにやってきたと、仮定してみてください。着いてみると、すでにおしゃべり（この場合は映画について）がだいぶ長いこと続いていました。さあ、あなたならどうします？　席につくなり自分の意見を話し出しますか？　それとも、耳を傾け、何が起こっているかを見きわめて、自分ならどんな新しい意見を開陳できるかを判断し、そこまでしてはじめて意見を述べるでしょうか？

ディナー・パーティでしたがうべきマナー。まさにそれこそが、学術論文やレポートを書く際にもとるべき戦略なのです。要するに、他の研究者たちの言葉に耳を傾けること。アカデミックな議論には、いきなりそこに割って入るのではなく、まず議論そのものをよく把握するようにしたい。なにがどのように語られているか、注意する。あなたがいま読んでいるこの本などは、親切な「ディナー・コンパニオン」となり得るでしょう。すでに進んでいる議論にあなたをついていかせ、中身を教えてくれるからです。ですが、それだけでなく、他のリソースも利用すべきです。たとえば教師は、映画研究者たちの研究対象のことなら、生き字引的存在です。書籍や学術誌、インターネットの定評あるサイトなども、映画をめぐって目下進行中のアカデミックな議論に、こっそりふれる機会を与えてくれます。ひとたび議論の中身が理解できたなら、自分なりの議論を組み立てることができます。

◉では、はじめましょう

◎自分が知っていることを検討する

たとえば、アルフレッド・ヒッチコック監督の『裏窓（*Rear Window*）』を観た感想を、短い文章にまとめる。この程度なら、同監督の他の作品についての知識や、映画の形式要素についての広範な知識は必要ないかもしれません。言い換えるなら、ある映画の感想を述べるのに、その映画——その歴史や構成——について「知っている」必要はありません。知っておかねばならないのは、その映画があなたになにを感じさせたかとか、なにを考えさせたか、でしょう。

しかしながら、この映画について学術論文を書くようにと言われたなら、もっと知識を深めておきたい。同作品の技術的要素と形式要素をしっかりと把握しておきたい。そうすることで、ヒッチコックと彼の仲間たちがどのように映画を作り上げたかを説明できるからです。ヒッチコックの他の作品についても、知っておきたくなるかもしれません。彼と彼の作品にとって、どんな主題が重要であるのか、理解できるからです。最後に、この映画をもっと専門性の高い授業で観るのであれば、ヒッチコックの映画についての、また映画一般についての、さまざまな批判的観点に通じておきたくなることでしょう。それによって、自分の論点を、進行中の学術的議論のなかのどこかに「配置」できるからです。

◎どうしたら学術的に考えられるのか

学術的に考えてみる。その目的は、新たな着想を得ることにあります。あらゆる分野の研究者も、既存の知識をもとにことを進めるのです。つまり、すでにわかっていたり誰かが唱えたりしたことを繰り返したりはしません。あなたが書こうとする映画についても、同じことがいえます。最終的なゴールは、新たな着眼点を得ること。すでにわかっていたり誰かが唱えたりしたことを論文・レポートにまとめたところで、充分ではありません。これまでの議論に、なにか新しいもの、オリジナルなものをつけくわえなければならないのです。

とはいえ、「オリジナルなものをつけくわえなければならない」といっても、自分の個人的な連想、感想、体験で論文・レポートの紙面を埋めればよい、と勧めているのではありません。さまざまな情報をふまえた議論をしたいと思うのなら、まずは自分の書いたものが、個人的というより分析的であるべきだ、と認識しなければなりません。言い換えると、映画についてのあなたの連想、感想、体験が、個人的にではなく、批判的に組み立てられていることを、書いたものを通して示さなければなりません。

このことは、あなたの個人的感想などどうでもよい、ということではありません。実のところ、個人的感想とは、後に続く学術的な仕事をするうえでよい出発点となることが少なくないのです。一例をあげてみましょう。ホラー映画『ババドック　暗闇の魔物（*The Babadook*）』（２０１４年／ジェニファー・ケント監督）だって、精緻な分析を進める最初の一歩となり得ます。あなたが感じた恐怖のことを、自問してみてください。なぜあなたは怖がったのか？　この映画のどんな要素が、あなたにとって最大の恐怖のタネとなったのか？　この映画は、ホラー映画のジャンルにおいて、これまでなかったような恐怖、また説得力のある恐怖をどのようにして生み出したのか？

自分の個人的感想をつきつめていく。これこそが、あなたの議論を充分にアカデミックにする最初の一歩なのです。自分の感想がたんに個人的なものでなく批評的なものであることをより確実にするには、それを次のような批判的思考のプロセスに付してみてください。すなわち、要約、評価、分析、総合の４つのプロセスです。

◎要約する

どんな映画であれ、批判的に考えるには、それがスクリーンに提示するものを要約することが、第一歩となります。自分のねらいしだいで、いくつか異なる要約を作成することができますが、次の点に注意してください。それは、どんなに基本的な要約（プロットの要約）であっても、見かけほど単純ではない、ということです。自分の主張にとってなにが肝心なものであり、なにがそうでないかを峻別する。それには、言葉を節約しながら書くことと、なにもかもあまさず書くことという、なかなか両立しにくい作業が伴います。

次の例をみてください。オーソン・ウェルズ監督の『市民ケーン（*Citizen Kane*）』（１９４１）は、語り手が7人もいるうえに９部構成（そのうち5部には、フラッシュバックのシークエンスが含まれる）という、非常に複雑なプロットとなっています。この映画をさらに複雑にしているのは、物語の期間がおよそ70年にわたるものでありながら、プロットの期間は記者が取材するたった1週間だということです。『市民ケーン』は、ことほどさように要約困難な映画です。ですが、インターネット・ムービー・データベース（IMDb）から採ったジェシー・ガロンによる以下のプロット要約は、実にみごとなものです。

> 億万長者で新聞王でもあったチャールズ・フォスター・ケーンは、自邸の大邸宅「桃源郷（ザナドゥ）」で孤独のうちに没する。「バラのつぼみ」という謎の言葉を遺して。この言葉の意味を探ろうと、ひとりの記者がケーンとかかわりのあった人びとを追う。彼らは回想形式でケーンの生涯を明らかにしていくが、彼の最期の言葉の謎はついに明かされることはない。

この要約を効果的なものにしているのはなにか。『市民ケーン』は、あらゆる映画の基本構造を踏襲しています。すなわち、まず葛藤・謎・疑問が提示される。次に、ある人物がその疑問を解こうとし、その途上でさまざまな障がいにぶつかる。最後に、疑問は解決される、というふうに。この要約の書き手は、プロットが複雑だからといって脇道に逸れることなく、葛藤（ここでは「バラのつぼみ」の謎）を追っていきます。書き手は主題に、そして葛藤とその解消という基本構造にこだわり続けます。また、文章をシンプルで明晰にすることにも抜かりはありません。その結果、映画自体に忠実でありながら、かといってあまり細かいことで読み手を辟易（へきえき）させない要約に仕上げています。

こうした方法で映画を要約する練習は、後々役に立ちます。学生が書く大半の映画論文・レポートでは、プロット要約が、後に続く議論の重要な試金石となるからです。つまり、明確なディテールを土台としながらあなたの主張を確立するのに役立つのです。映画のプロットを要約すると、映画の構造、葛藤、主題が見えてきます。ただし、論文・レポートにプロットの要約をくわえるのであれば、慎重にそうしなければなりません。すなわち、分析を避けるための口実としてでなく、分析を支援するツールとして、要約を用いなければならないのです。初心者が犯しがちな失敗、それは、映画についてのレポートだといいながら、その実、映画のストーリーをただパラフレーズ（言い換え）しただけのものを提出することです。この失敗を回避するには、映画のストーリーの時系列にそって書きたくなる気持ちを、ぐっと堪(こら)えなければなりません。自分の主張を裏づけるために、物語中でなにが起こったかを記すのはよいでしょう。でも、その起こった出来事が主張を圧倒するようではいけません。

映画について批判的に考察する際、プロットの要約に絞る必要はありません。目的にもよりますが、映画のプロダクション・バリュー（照明、編集、音響）、製作過程（資金調達、キャスティング、配給）、反響（レビュー、学術論文など）を要約するのも、同様に有効です。要は、映画についての知識を明確にし、その後のもっと複雑な作業の地ならしをするうえで、要約は有効だ、ということです。

◎評価する

評価とは継続的なプロセスです。評価は映画を初めて観るなりできますし、その後もずっと評価、再評価が続きうるのです。映画を評価することは、感想をもつこととは違います。このことを理解しておくことが大切です。アカデミックな目的で評価するのであれば、個人的な感想の根拠となっているものを見つけ、明確に述べなければなりません。その映画のなにが、ある特定の反応を引き起こすのか？　映画内には存在しないのに、反応を促すものがあるとしたら、それはなにか？　たとえば『市民ケーン』を観ていると、そのサスペンスに夢中にさせられるかもしれません。この映画のなにがそう感じさせるのか？　編集か？　演技か？　脚本か？　それとも他のなにか？サスペンスを生むのにとりわけ効果的な瞬間を特定できるか？　こうした自問を続けるうちに、あなたは２つの知的プロセスにまたがることになります。すなわち、あなた自身の個人的感想を経験すること、そして映画を分析することという、２つのプロセスです。

ひとつの映画を評価すると、これまで観た他の映画とも比較したくなります。『市民ケーン』の演技は、同時代の他の映画の演技と比べると、どのような類似点や相違点があるか？　編集はどうか？　フレームの構成や意匠は？　音響は？　ストーリーは？　どう違い、どう類似しているのか？　映画の特色を評価することで、興味深いポイントが特定でき、（そしてたいへん実り多いことに）さらに掘り下げた研究を進められるのです。

◎分析する

きちんとした議論の組み立てをする分析の段階で、最初にすべきは、自分のテーマのうちおおいに興味をもてる部分を検討することです。次に、そうした部分がどのように相互に、また全体とかかわり合うかを検討することです。『市民ケーン』を分析するうえで、特定の場面、視点、カメラワーク、音響などを検討する。それによって映画を解体したくなるかもしれません。要するに、次のような疑問が湧いてくるはずです。なにがウェルズの映画を構成する要素であって、こうした構成要素は映画のテーマにどうかかわってくるのか？　これらがウェルズの作品全体に、どのようにかかわってくるのか？

映画には大量の情報がつまっています。ですから一度観たくらいでは、形式や物語に凝らされた工夫については、その片鱗さえも窺（うかが）えないものです。何度も繰り返し鑑賞し、そのたびにメモをとる。個々のショットや場面を注意深く分析する。そうやってはじめて、多くのことを学べるのです。一本の映画の個々の部分が、どのように相互に関係するのか。ある要素があらかじめ張られた伏線をどのように回収しているか、または以降の出来事を暗示しているか。モチーフ（主題）やサブプロット（わき筋）はどう機能しているか。俳優は声や身ぶりや表情によって、どのように演じる人物を造形しているか。こうしたことが、何度も鑑賞することでわかってきます。複雑な場面を分析するなら、その映画を観るごとに、特定の形式要素または物語要素ひとつに絞って鑑賞するとよいでしょう。たとえば、照明、編集、カメラワーク、舞台セット、衣装、台詞、音楽、音響効果などがあげられます。

分析する際には、全体をいくつかの部分に分割しましょう。そうすれば全体を、さまざまな角度から眺めることができます。また、分析する際には、そこからなにが言えるかを探し求めましょう。

◎総合する

総合する際には、アイディアどうしの〈関連〉を探し求めます。ふたたび『市民ケーン』をとりあげてみます。この映画を分析すると、最初のうちはバラバラに思える要素に気づくことでしょう。一見したところとてもまとまりそうにない、と感じるかもしれません。また、てんでバラバラな批評を読むことになるかもしれません。こうしたバラバラな要素を調整ないしは〈総合〉できないか、いまこそ考えるべきときです。この知的作業では、〈雨傘論〉——複数の観察や観点が並立しうる議論——を展開する必要があります。

『市民ケーン』を例とするなら、分析するうちにつじつまの合わない一連の要素に気づくことでしょう。たとえば、俳優たちが描く感情の幅（優しさ、喜び、不快、自責、怒りといったさまざまな感情が揺れ動く）に気づくかもしれません。また、内部と外部の演出がわれわれの通念と反することに気づくかもしれません（一例をあげるなら、雪の積もった戸外で少年時代のチャールズが楽しそうに遊んでいる一方で、外より暖かいはずの家の中では灯りがともらぬままで、演技は冷淡かつ硬直したものとなっています）。こうした相矛盾する側面に注意を向けることによって、浮かび上がるポイント——それは、見かけなど当てにならないという場面をウェルズ監督が組み立てようとしている、ということかもしれません。とはいえ分析者は、気をつけなければなりません。映画の表層的なディテールについての自分の解釈が、誤っているかもしれないからです。そのように注意することで、分析者はウェルズが言わんとしていること（たとえば、見かけや、われわれが内に秘めている秘密）について、もっと幅広く考えるように促されます。すると、見かけについてウェルズがふれていると思われる他の例を見つけ、それらをより広範な議論へと総合したくなるでしょう。このようにして分析者は、自分が観察した一連のことがらを、説得力に富み興味深い議論へと変換していけるのです。

◉レトリックの立場をとる

論文・レポートを書く際には、自分が言いたいことだけでなく、読み手のことも考えなければなりません。言い方を変えれば、あるテーマについての自分の考えを決めるだけでなく、読む側がどのように考えるかも判断することが大切だ、ということです。読み手はどんなバイアスをもっているのか？　どのような価値観、予想、知識を有しているのか？　自分は誰に向けて、どんな目的で書くのか？

こうした疑問に答えだすなら、あなたは「レトリックの立場」と呼ばれるものを考慮しだしたことになります。これは、書き手としてのあなたが、テーマと読み手の両方についてとる立場を指します。

◎自分の立ち位置を検討しよう

まず、執筆中のテーマと自分との関係を検討してみましょう。自分のテーマにアプローチする際、最初に判断しておきたいのは、どんなタイプの文章を書くように求められているかということ。言い換えれば、自分のテーマとどのように関係を築くかは、課題しだいということです。たとえば、事例を交えて持論を展開する論文・レポート（argument paper）を書くよう求められたなら、ある特定の立場をとるよう促されているのです。例をあげれば、「健常者」である俳優に障がい者を演じさせるという映画産業の慣習について課題を与えられた場合がそうです。この慣習を支持できるか？　それとも反対か？　いくつかの理由では支持するものの、その他の理由では反対か？　どの立場をとるにせよ、このテーマについての自分の「関係」をはっきりさせねばなりません。自分の立ち位置はどこにあるのか、その根拠はなんなのかを、読み手に明確に伝えるためにです。

授業では、持論を述べる論文・レポートよりも、分析を展開する論文・レポート（analysis paper）を書かされることのほうが多いものです。すなわち、なにかがどのように構成されているかを論じ、次にその構成の効果や示唆するものについて議論を展開する論文・レポートです（その書き方については、本書でのちほど詳述します）。現時点では、分析を展開する論文・レポートでは、議論を組み立てることも必要になるとわかってもらえれば充分でしょう。言い換えるなら、映画分析においては、監督や編集担当者や衣装デザイナーがしたことをただ分析するだけでは不充分なのです。彼らの判断がなぜ重要なのか——そうした判断が映画にとって、あるいは映画製作全体にとって、なぜ重要なのかをも示さなければならない。また、自分の分析が映画についての進行中の議論になぜ重要なのかをも、読み手に伝えなければならない。結局のところ、分析を中心とするどんな論文・レポートでも、議論がきわめて重要な位置を占めるものなのです。

自分の立場がたしかに分析的であるか。これを担保するには、いくつか自問してみるべきことがあります。まず、自分の立ち位置が議論と分析に根ざしたものか、それとも意見に根ざしたものかを検討しましょう。両者の違いとは？　それは、意見が主観的であり、その意見を主張する者の個人的嗜好や好みによって正当化されうるのに対し、分析と議論はもっと客観的なエビデンスを必要とし、理性によって支持されねばならないという点にあります。自分が意見ではなく議論ないし分析を展開しているかを確かめるには、まず自分はなぜそのテーマを選んだのかを検討してみてください。映画のある要素がなぜ他の要素より重要だと思えるのか？　その映画（もしくは映画の特定の側面）はどのような個人的感情やバイアスを引き起こすのか？　このバイアスを批判的に支持できるか？　自分の反応とは異なる反応についてじっくり考えてみたか？　あなたの反応のいずれかの部分によって、読み手があなたの書いたものを偏っているとか批判的でないと評価を下げたりしないだろうか？　以上の質問のうちのいずれかに思い当たるようなら、これらの質問を念頭におきつつ、自分のテーマとの関係を再考しましょう。そうすることで、個人的な意見を学術的分析もしくは議論に変えていくのです。

◎読み手のことを考えよう

あなたのとる立場それ自体で、レトリックの立場ができあがるわけではありません。読み手のことも考えなければいけないのです。大学の授業では、読み手となるのは通常、先生かクラスメートです。もっとも、まれに先生が、より限定された読み手やより広範な読み手を対象に書くよう指示する場合もありますが。読み手が誰であれ、書きはじめる前に読み手のことを注意深く検討したいものです。

読み手は何者で、テーマに対する彼らの立ち位置はどんなものか？　テーマについてどんなことを知っていそうか？　どんなバイアスをもっていそうか？　これらにくわえ、あなたは読み手にどんな影響を与えたいのか？　あなたのねらいは論争をしかけることか、情報を与えることか、それとも楽しませることか？　読み手はあなたの意図をわかってくれるだろうか、それとも反発するだろうか？

読み手がどのような人たちかがはっきりしたなら、彼らの心をとらえるベストの方法を考えます。たとえば、あるテーマについてあなたが権威であって、そのテーマに関してほとんど知識のない人たちを対象に書くのだとしたら、情報を与えるという立場をとることでしょう。その逆に、まだテーマに通じてなく、答えよりも疑問のほうが多いようであれば、探索的な立場をとることでしょう。

いずれにせよ、レトリックの立場を決めるにあたっては、誠実でいられそうな立場を選んでください。自分の言っていることに自信がもてないのであれば、偉そうな立場をとろうとはしないこと。反対に、いずれかの立場をとることを避けようとするのは禁物です。明確な立場をとろうとしない書き手には、読み手はしばしばフラストレーションを募らせるものだからです。もし立場を決めかねているとしたら？　そのときは読み手にそのことをはっきり宣言しましょう。相反する考え方自体を、あなたのレトリックの立場にしてしまうのです。

最後に、ただ先生に気に入られようとして書くのは禁物です。学生全員が自分と同じ立場をとっていることに気をよくする先生も、なかにはいます。ですが、われわれ教師の大半は、学生が自分のテーマについてなにか新しいことを書いて、われわれを夢中にさせることを願っているのです。たとえその「なにか新しいこと」が、ささいな点について新たに強調しただけのものであってもです。さらにいえば、先生の頭のなかにある理想の論文を再現するなど土台無理な話なのです。もしそうするなら、自分の分析を先生の独自の分析と同じ土俵でぶつける危険を冒すことになります。あなたは本気でそんなことを望んでますか？

◉論調と文体を検討する

さて、ようやく論文・レポートで要求されていることが理解できましたね。必要なのはまず、分析的であること。よく練られた主張を展開すること。テーマや読み手と自分との関係を考えること。ですが——とりわけ読み手との関係という点で——もうひとつ検討を要することがあります。すなわち、論調と文体です。

はじめのうちは、アカデミックな論調と文体と聞くと、怖じ気づいてしまうかもしれません。アカデミック・ライティングに不慣れな学生は、学術論文で見かけるような専門用語や複雑な文を駆使しなければ、と感じるものです。実は、そんなことはありません。先生は、まやかしの学術論文など望んではいません。自分や学生たちが関心を抱くことについて、あなたが明快かつ知的に書くことを願っています。ですから論文・レポートの論調は、ほどよくアカデミックな文体を維持しつつも、読み手に読む気を起こさせるものでなければなりません。自分のよいアイディアを、読みやすい明快な言葉で伝えること。これこそが、あなたのミッションです。

先生だって人間です。退屈もすれば、笑いもするし、イライラすることもあれば、恐れ入ることだってあります。教師としての仕事以外にも生活があり、自分の時間が浪費されることを学生以上に避けようとしています。あなたの論文・レポートを読む人物は、要点を明快に、簡潔に、そして説得力ある形で示してくれると喜ぶ人物なのです。このことを頭に入れておいてください。また、文章やページ数を水増ししたり、きちんと理解してもいない専門用語を使って感心させようとしたりしても、全然喜ばない人種であることも、頭に入れておいてください（ほどよく、かつ魅力的な論調と文体を作り上げる方法については、第9章「文体に気を配る」を参照のこと）。

第❷章　映画を鑑賞する

2 Looking at Movies

映画についてなにか書くには、まずはその映画を観なければなりません。それも分析的な眼で、じっくりと。さらに、本格的な映画研究に不可欠な専門用語で武装して。映画をじっくり鑑賞し、メモをとること。これこそが、映画についてなにか興味深いことを言うための第一歩となります。この章は、そのよい手引きとなると思います。

◉公開上映とプライベートな鑑賞

たいていの映画関係の科目では、公開上映中の映画を観に行くことが必修となっています。そこで上映されるのは、先生があなたに論文・レポートを書くように求める映画であることがしばしばです。たとえそうでない場合でも、観客のいる映画館で映画を観ることとは、映画専攻の学生すべてが体験すべきものです。なぜなら一緒に映画を観ている観客たちの反応は、あなたの反応とは違うものかもしれないからです。彼らの反応に神経を研ぎすますなら、自分の部屋で観ていただけでは見逃してしまっていたことに気づくかもしれません。公開上映の時間は、観客たちと楽しむようにしましょう。だが同時に、スクリーン上で起こっていることに観客が大きな反応を示したなら、それをメモにとってください。可能であれば、そうした瞬間の直前・同時・直後に起こったことを手早く（しかしできるだけ丁寧に）メモにとってください。こうしたメモは、後になってひとりでその映画を鑑賞する際、貴重なものとなります。

それほど昔ではありませんが、映画研究者、批評家、学生たちが、公開上映後プライベートに観る便宜を得られないまま、映画について執筆せざるを得ない時代がありました。メモと記憶に頼っていたため、ディテールを誤解することもしばしばでした。ときには自説を台無しにしてしまう誤解もあったのです。ありがたいことに、そんな時代は終わりました。授業で先生が指定する映画の大半は、プライベートな鑑賞用に、デジタル・フォーマットでも入手できるようになっています。こうした製品が一般消費者に大人気なのは当然として、映画研究者や映画学専攻の学生にとっても天の恵みです。巻き戻し、早送り、一時停止、特定のシーン選択が、思いのまま何度でもできるからです。

映画分析をするうえでプライベートな鑑賞とこうした再生オプションの利点は、どんなに強調しても強調しすぎることはありません。たとえば、一時停止ボタンを押せば、あるショットの構成を注意深く検討することができ、舞台セット、意匠、照明、一人ひとりの登場人物の外貌について、細部まで注意を向けることができます。一度目は音声つきで、二度目は音声を消して、三度目は目を閉じて場面に流れる音声だけに耳を傾ける。こうすることで、視覚要素と音響要素の効果を分離し、その場面がどのように「機能する」かをより正確に理解できます。すでに観たことのある映画を通しで早送りすることだって、その映画に関する新発見につながったりします。たとえば、通常のスピードで観たときには気づかなかった特定のパターン、モチーフ、視覚テーマの繰り返しに気づいたりします。

デジタル・フォーマットの恩恵は、映画のより正確かつ生産的な鑑賞に限りません。なかなか入手しにくい背景情報にアクセスできることもしばしばです。たとえば、多くのＤＶＤには、映画製作の背景、製作者の意図やプラン、特殊技術やテクニックに関する特典情報が収録されています。本編からカットされたシーンやショットを収めていることもよくあります。使われなかった映像を観ると、映画製作者の意思決定のプロセスにまで踏み込むことができます。演技がまずいという理由であるシーンがカットされたり、サブプロット全体が効果なさそうだという理由で削られたりすることも、ときにはあります。その一方で、非常にすぐれたシーンや好演が、編集室の床に放り出されたままになることも。そうしたシーンを削るという決定は、ストーリーをもっと簡潔ないしシンプルにしたいという監督の希望を反映している場合もあれば、プロデューサーやお偉いさんが上映時間を短くするよう求めたせいである場合もあります。カットされたシーンの多くは、音声編集、効果、色補正をかける前に削られたもの（つまり「未編集フィルム」）です。ですからこうした未使用の映像は、映画スタジオがどれほど最終版にみがきをかけたかという、劇的な証拠を示してもいるのです（封切られた映画のいわゆる「リアリズム」だって、実は注意深く構成されたものにならざるを得ないことが、これでわかってもらえますよね）。

インターネット上の大量の情報と相まって、ＤＶＤの特典映像は、映画専攻の学生に豊富な資料を提供してくれます。そうした資料は、以前だったら、業界の人間か、映画スタジオやフィルムライブラリーや特別コレクションの利用を幸運にも許された研究者だけが、目にすることができたものだったのです。あなたもこうした資料を、自分の課題に関係するものならできる限り活用すべきでしょう。

◉メモとりの大切さ

メモをとることは、映画についてなにか書こうとするなら絶対必要です。公開上映中の映画あるいはプライベートに鑑賞している映画で観察したことを記録している場合であれ、講義やグループディスカッションの主要なポイントをノートしている場合であれ、一日を過ごすうちに頭に浮かんだことを書きとめている場合であれ、メモは、観察したこと、そのときの気分、洞察を保存してくれます。そうしておかないと、実際に執筆の段には、思い出せないかもしれないのです。記憶とは、われわれが思っている以上にあやふやなもの。そして「記憶」とは、とりわけアカデミックな状況では、頭のなかよりも文章のなかにあるもの。そう心得ておけば、メモをとる習慣にも励みが湧くでしょう。メモとりに定まったルールはありません。ですが手はじめに、役立ちそうなヒントをあげておきます。

- できるだけ簡潔にすること。
- 観察したものすべてを一遍に記録したいという誘惑に打ち勝つこと。重要な転換点やディテールに集中すること。映画はあとでまた見返せばよいのですから。
- 自分が論じたいと思うショットをざっとスケッチすること。執筆をはじめると、これがとても役に立ちます。パソコンで視聴しているのであれば、映画からスティール画像を切り出せる安価なソフトウェアを使い、イラストとして載せることもできます。
- スクリーンに映るものを描写するには、略号を用いること。これにより作業がスピードアップするだけでなく、映画用語を使う習慣も身につきます。
- なんらかの再生装置で鑑賞するなら、各ショットのタイミングをメモしておくこと（例：09:43）。こうしておけば、あとで必要なときにすぐに探し出せます。映画館で観ている場合は、だいたいのタイミングをメモに記録します（例：約10:00）。
- 浮かび上がるパターンやカテゴリーにそって、メモを見直し構成すること。記憶が鮮明なうちに、そうしてください。メモに書きとめたことを再構成した際に、論文・レポートのアイディアが浮かんだ、という学生はたくさんいます。

メモをとるというのは、たいへん個人的な作業です。情報を整然と、非常に細々としたことまで記録するひともいれば、その反対にアイディアや思いつきを行き当たりばったりで書き殴る、というひともいます。自分にあった方法をとればよいのです。とはいいながら、研究者や学生にとって有用なメモとりの方法も、あることはあります。あなたも自分の目的に応じ、それらを使うことを検討してみてください。

◎理由を考える

映画をまるまる一本はじめて観る際は、違和感を覚えたり、印象的と感じたり、わけがわからないと感じたことに注意を払う。これがいちばん大切です。こうしたことをメモにとり、それを疑問の形に組み直す。これにより、問題の場面を再見したとき、その疑問の答えを見つけようとするからです。また、そうすることで、書くに値する興味深いことがらが見つかるかもしれません。以下に実際の作品名をあげながら、具体例をあげておきます。

- ダーレン・アロノフスキー監督『マザー!(*Mother!*)』では、あらゆるショットがただひとりの登場人物に、クローズアップ、肩なめショット、主観ショットとして向けられているが、その理由はなにか?
- スタンリー・キューブリック監督『スパルタカス(*Spartacus*)』では、なぜクレジットがエンディングではなくオープニングに流れるのか?
- フランソワ・トリュフォー監督『大人は判ってくれない(*Les Quatre Cents Coups*)』では、なぜラストがストップモーションのショットとなっているのか?
- トム・ティクヴァ監督『ラン・ローラ・ラン(*Lola rennt*)』で主人公が駆けるシークエンスの一部に、なぜアニメが使われているのか?
- クエンティン・タランティーノ監督『レザボア・ドッグス(*Reservoir Dogs*)』には、ヴィック・ベガがマーヴィン・ナッシュの耳を削ぐシーンがあるが、このときカメラはなぜあらぬ方向を向いているのか?

- テレンス・マリック監督『ツリー・オブ・ライフ（*Tree of Life*）』で、会話の台詞が非常に聴き取りにくいのはなぜか？
- ルイス・ブニュエル監督『欲望のあいまいな対象（*Cet obscure objet du desir*）』では、二人の女優が同じ役を演じる「二人一役」の演出がなされているが、その理由は？

こうした疑問が、実り多い再鑑賞、分析、執筆のタネとなるのです。

◎プロットを分割する

疑問を生み出すためのメモとりは終わったが、それでもなお論文・レポート執筆のために、映画の物語の構造を理解しておく必要がある。そう感じたなら、次に再鑑賞するときに〈プロット分割（映画全体をシーンごとに分けた概略）〉を作成するとよいでしょう。プロット分割では、シーンごとに行替えし、そのシーンを手短かに描写します。注目に値すると感じたこと（たとえば、その後の登場人物の変化やストーリーの進展などを伝える出来事）も一緒に記しておきます。シーンの移行にはどうしたら気づくでしょうか？　時間や空間や行為に大きな変化があれば、それは新しいシーンのはじまりと考えられます。やがてあなたは気づくでしょう。一見するとなに気ない出来事も、実は複雑な因果関係の連鎖であることを。プロットを要約すれば、映画の物語体系を理解するのにおおいに役立ちますが、時間と集中力を相当注がなければなりません。以下は、ジョン・フォード監督『駅馬車（*Stagecoach*）』（１９３９）の最初の10分間をプロット分割したものです。

1. 騎兵隊員とインディアンを見張る斥候がトントの町に乗り込んでくる。

2. 騎兵隊員と斥候は、アパッチ族酋長ジェロニモが戦いに備えているとの情報をもたらす。電信係は「ジェロニモ」という電報を受けるが、直後に電信は途絶えてしまう。

3. 駅馬車がトントに到着し、大金の入った金庫を下ろす。乗客の貴婦人ルーシー・マロリーに、「賭博師」ハットフィールドが視線を注ぐ。ここで、彼女が騎兵隊大尉である夫に逢うために東部からやってきたことが明らかになる。

4. 駅馬車の御者バックは、カーリー・ウィルコック保安官のもとを訪れるが、脱獄囚リンゴ・キッドが父親と弟のかたきであるルーク・プラマーに復讐しようとしていると伝えられる。バックが最近ローズバーグでプラマーを見かけたと明かすと、保安官は自分も駅馬車に同行しローズバーグへ向かうと告げる。

5. 金庫はトントの銀行家ゲートウッドのもとに届けられる。

6. ダラス（娼婦）と飲んだくれ医師ブーンは、治安維持婦人会によってトントから（駅馬車で）退去するよう命じられる。

7. 医師ブーンは酒場を訪れるが、彼がただの常連客でないことがここで明らかになる。乗り合わせることとなる温厚な酒商人ピーコックと、たちまち仲よくなる。

8. 駅馬車に馬がつけかえられる。

9. ゲートウッドは金庫から札束を抜き取り、自分のカバンに収めてしまう。

プロットのこの短い抜粋によって、『駅馬車』の理解と鑑賞に欠かせないいくつもの要素がどのように設定されているかが明らかになります。

- 主要な目標：生きてローズバーグまでの駅馬車の旅をなしとげること。
- この目標を妨害する敵役：ジェロニモとその手下たち
- 舞台：自警団、殺人、裏切り者が横行する辺境
- 9人の主要な登場人物のうちの8人の性格とプロットの情報。主要な目標についての彼らのかかわりも含まれる。
- 重要なわき筋の主役、目標、敵役：リンゴは復讐をもくろむが、カーリー・ウィルコック保安官にも無法者ルーク・プラマーにもそれを阻まれる。

◎ショット分析チャート

映画の特定のシーンに特に注意を払うよう、先生が指示する場合があります。また、あなた自身が論文・レポートの主題を選べるなら、映画を何度か鑑賞するうちに、あるシーンが非常に重要かもしれないと気づくことがあります。いずれの場合でも、特定のシーンを分析するうえで有効なメモとりの方法が、〈ショット分析チャート〉です。ショット分析チャートとは、プロット分割と同様に、ある種の「見取り図」となります。これによって、あるシーンにおけるショットごとの構造が可視化され、シーンがどのように機能するかをよりよく理解できるのです。

最もシンプルなショット分析チャートでは、4つの列とショットの分だけ行数が用意されます。次のショット分析チャートのサンプルでは、『駅馬車』の1シーンのはじまりからを追っています。ここでは登場人物間の社会的分断が強調されています。1列目がショットの番号。2列目では、執筆時に記憶を呼び戻せるよう各シーンを細部

ショット番号	描写	経過時間（秒）	ショットのタイプ※
1	（リンゴとダラス以外の）乗客たちが食事に集まる。	9	LS
2	リンゴがダラスにテーブルにつくよう促す。	3	MFS
3	ゲートウッド、ハットフィールド、ルーシーが不快感を示す。	3	MFS
4	ルーシーがためらいながらもダラスの隣にすわる。カメラが追う。	13	MFS to MS
5	ルーシーが画面外（のダラス）を注視する。	3	MCU
6	ダラスが画面外（のルーシー）を見つめ返し、目を伏せる。	7	MCU
7	ハットフィールドがルーシーの前に皿を置き、（画面外の）ダラスに目をやる。	10	MFS
8	リンゴがダラスの前に皿を置き、（画面外の）ハットフィールドに目をやる。	3	M2S
9	ハットフィールドがルーシーに、テーブルの別の席にすわるよう促す。	6	MFS
10	リンゴが（画面外の）ハットフィールドに目をやる。	2	M2S
11	ルーシーがハットフィールドの提案に応じ、テーブルの反対側に移る。	8	MFS
12	ハットフィールドがルーシーをテーブルの反対側にすわらせる。ゲートウッドがそのすぐそばにすわる。	17	LS
13	わが身を責めながら、リンゴが立ち去ろうとする。ルーシーがそれを制する。リンゴはダラスに食べ物を与える。	24	M2S

※LS（ロングショット）
MFS（ミディアムフルショット）
MS（ミディアムショット）
MCU（ミディアムクローズアップ）
M2S（ミディアムツーショット）

にわたるまで描写します。３列目には、ショットの経過時間を記入。最後の４列目には、ショットのタイプを（略号を使って）記入します。映画分析の初心者であるあなたには、このチャートがあまりに厳密で細かすぎるとはじめのうちは感じるかもしれません。しかし実は、このチャート作成に時間をかけることで、あとで分析したものをまとめる際に、時間の節約になるのです。もう一度映画を観直して、ショットの流れや経過時間などを確かめる必要がなくなるからです。

列の数をさらに増やして、もっとディテールに分け入ることも可能です。たとえば、特に動きのあるシーンをチャート化するには、カメラワークやフレーム内の人物の動きを記録します。シーン内の各ショットのセットが、自分の主張にとってなんだかとても重要だと感じたなら、セットの描写専用の列をくわえてもよいでしょう。分析中のシーンで音響が重要な役割を演じていると感じたなら、各ショットの音響の種類やその出所を特定する列を設けましょう。ショット分析チャートの主な目的は、それが抑え気味なものであれ細部にわたるものであれ、シーン内でのショットから次のショットへの進行を正確に示すことです。この手のメモとりをしておけば、論文・レポートを仕上げる際に、正確な描写に基づいた分析ができます。

◉なにを探し求めるのか

こうしたツールや情報は結局なんになるのか？　いったい自分はなにを探し求めているのか？　要点はなんなのか？　いまの時点であなたはこんな疑問を感じるかもしれません。

こうした疑問に答えるには、まずはどんな映画も複合体であることを認識する必要があります。すなわち、バラバラでありながら相互に関連した多くの要素が、渾然（こんぜん）と一体を形成している、ということです。なんであれ複合体を理解しようとする者は、分析に頼らざるを得ません。すなわち、複雑なものをバラバラに解体し、その構成要素と構成の仕方を読み解くのです。

たとえば化学者は、化合物を成分に分け、成分の一覧以上のことを知ろうとします。その目的は通常、発見した各成分がどのように化学反応し、なんらかの結果を生むかの確認までに至ります。イチゴ味がしたり、育毛効果があったり、ゴキブリを駆除するこの化合物、それって一体どういうことなんだ、といった具合に。同様に映画分析も、シークエンスやシーンや映画全体を、そこで用いられているツールやテクニックに解体するだけではありません。分析では、それらの組み合わせがもつ機能や潜在的効果も対象とするのです。なぜこの映画を観ると、笑ったり、友人にも観るように勧めたくなったり、平和部隊に参加する気にさせられたりするのか？　こうした疑問への答えを探し求めることは、ひとつの本質的な疑問へと収束していきます。すなわち、「どういう意味なのか？」という疑問にです。

面白いことに、映画というものは、その方法や意味を敢えて隠そうとする傾向があります。映画は、製作者が意図したとおりに（つまり、ずっと座ったまま眺める娯楽として）消費されるならば、その方法も、また潜在的意味さえも、背景へと消えてしまいます。つまり、観る者には「不可視」となるのです。

この不可視性の理由のひとつが、映画の動的な性質です。映画の動きはあまりに速く、どんなに熱心な観客でも観るものすべてを検討するのは不可能です。本を読むのであれば、ちょっと立ち止まって単語や文、文章の意味をじっくり考えることができます。すでに読んだ箇所に眼が戻ることもしばしばです。同様に、絵画や彫刻の前で、その意味を理解しようと好きなだけ立ち止まって眺めることも可能です。しかし、ごく最近まで、映画とわれわれとの関係は一時的なものでした。われわれは映画のショットを経験します。そのひとつひとつが、幾層もの視覚的・音響的情報を伝えうるのです。なのに、われわれの経験は、ショットが目まぐるしく変わる、ほんの短いあいだだけのことです。製作側の意図どおりに映画を観るなら、われわれはいま眼前にあるものに没頭することになります。映画が一瞬に提示する意味の層をじっくり考える時間（そしてそんな願望も）などありません。

観客がカメラの視点（全知的な視点であったり、個人や集団の視点であったりする）と同一化するという傾向を踏まえ、初期の映画製作者たちはひとつの映画文法（もしくは映画言語）を生み出しました。これは、現実生活でわれわれが視覚的・音響的情報を解釈する仕方を参考にしたもので、観客が映画の意味を直感的に、そして即座に吸収することを可能にします。映画言語とは、コミュニケーションの言語的方法および非言語的方法のことです。これには、映画に込められた思いや感情を表現する形式要素が用いられます。そうした形式要素には、物語（ナラティブ）、演出（ミザンセヌ）（観客が鑑賞時に観たり聴いたり感じたりするすべてのもの）、撮影技法、演技、編集、音響といったものがあります。

映画作家の手にかかるなら、この映画言語の柔軟性こそが、映画を最も本能的な体験たらしめるのです。一例をあげましょう。映画カメラの特性を知れば知るほど、その可能性がどれほど豊かなものかを知ることになります。カメラはただ記録するだけでなく、スクリーン上の世界を操作するのにも使えるのです。そしてこれこそが、われわれが目にするもの（あるいは耳にするもの）すべてはなにか理由があって用意されているのだ、という根拠にほかなりません。俳優の演じ方であろうが、編集者がシークエンスにリズムをつけるそのやり方であろうが、音響技術者が音色（トーン）や音量で感情を盛り上げるそのやり方であろうが、このことが当てはまるのです。映画作家は、小説を書く小説家にも匹敵する運用能力で、映画言語をあやつります。実のところ、小説家の仕事が普通個人作業なのに対し、映画監督は多くのアーティストや技術者と共同作業をするのですから、こちらのほうがよほど能力を必要とするのです。

それでは、あなたはなにを探し求めるのか？　端的にいうなら、自分の論文・レポートの主要なアイディアを裏づけてくれる、映画言語の具体例を探し求めるのです。いま仮に、ニューヨーク市周辺の人種・民族間の対立をとりあげた傑作『ドゥ・ザ・ライト・シング（*Do the Right Thing*）』（1989）で、スパイク・リー監督がどのように権力（パワー）という主題を展開したか、というテーマで執筆することにしたとしましょう。監督は、小説ではなく映画を作りました。その理由は、大都会の活力や多彩な人物たちを捉えるには映像と音響が最も現実的だ、と彼には思えたからです。監督はストーリーを、映画言語（あるいは映画文法）を駆使して語ります。これはつまり、小説家がそうするように言葉で語るのではなく、ショットのみならず意味までも生み出す撮影法、演出、編集といった表現要素を用いてわれわれに語りかける、ということです。

いま仮に、授業のディスカッションや自分自身のリサーチで、2つの仮説を得たとしましょう。第1に、リー監督の映画の登場人物たちは、それぞれ権力についての考え方が違う。第2に、そうした個々人の考え方が、さまざまな人種、民族、家族、ジェンダー、文化、哲学間の対立抗争にほとばしる。そこで、分析を目的とする1度目の鑑賞では、権力についての考え方が撮影法、編集、音響効果にどう表現されているか、具体例を探すことになります。映画を観ると、カメラは登場人物たちの連続する動きを捉えようと、絶え間なく動いていることに気づくでしょう。編集はこの勢いを維持します。音響は、映画内世界のリアルなものが使われ、図体のでかいラジカセから流れることもしょっちゅうです。そのうえ大音量で響きわたります。そう、こうした動きや音量には、〈勢い（パワー）〉があるのです。

これはまだ序の口。これらの例は映画形式と内容との相互依存関係を示しているのですが、『ドゥ・ザ・ライト・シング』は形式的基準のみで評価すべき映画ではないのです。この映画の意味は、スクリーン上に映るものよりもずっと大きな社会背景の産物でもあるのです。抽出した具体例は、自分の立場を裏づけるだけでなく、読み手のことを考えたものでなければなりません。読み手は『ドゥ・ザ・ライト・シング』について書かれたあなたの論文・レポートを読んで、どんな背景（コンテクスト）に結びつけようとするでしょうか?

映画言語を構成する形式要素をどう分析するか。そのコツや技法が身についたなら、それらの要素がどのように融合して意味を伝達するかという複雑なプロセスを、よりよく理解できるようになります。先生が論文・レポートといった課題でなにを求めているのか、それを知るすべはありません。しかし、おそらくは形式と内容の相互作用を分析することを求めているのではないでしょうか。たとえば、アルフレッド・ヒッチコック監督『鳥（*The Birds*）』では、編集が意味を生み出すのにどう寄与しているか、というように。

第3章　形式分析

3　Formal Analysis

前章でわれわれは、観られるべくしてスクリーン上に存在する映画の諸要素を中心にあつかいました。こうした諸要素を分析すること——ときに〈形式分析 formal analysis〉と呼ばれるプロセス——は、映画についてなにか書くうえで重要な（多くの場合、主要な）部分です。とはいえ、あなたが検討しようとするアプローチは、これだけではないはずですが。この章では、やる気のある学生が執筆の際に求められるさまざまな分析アプローチを、簡単に紹介します。まずは、形式分析から。

◉形式分析とはなにか？

学生であるあなたにとって、映画の形式を注意深く分析するスキルは必要不可欠なものです。映画批評や評論のほぼすべてが、形式分析の形をとるからです。形式分析以外の視点から書かれたものであっても、然りです。

それでは、形式分析とはなにか。形式分析は、撮影法、音響、音楽、意匠、動き、演技、編集といった諸要素の複合体である映画を解体します。これらは、自分のビジョンを実体化しようとする脚本家、監督、カメラマン、俳優、編集者、音響担当、美術監督、そして多くのアーティストらがまとめ上げるものです。こうしてまとめ上げられたものは複雑に思われますが、実際複雑なのです。というのも、映画の意味とは、多くの形式要素が複雑にかかわり合うなかで表現されるものだからです。こうした要素には、特定のシーンの場所や時間といったシンプルなものから、雰囲気やトーン、登場人物の思考や感情といった微妙なものまで、さまざまなものがあります。

ものすごく熱心に分析するなら、ある視覚・音響要素に、映画作家が実際言わんとした以上の意味を読み込むことは、たしかに可能ではあります。けれどもやはり、映画作家はあらゆるツールを自在に使いこなしているのだ、と考えるべきでしょう。どんなフレームのどんな要素も、理由があって存在しているのです。形式分析では、こうした諸要素ひとつひとつの物語的意図を注意深く検討することが、なすべき仕事なのです。映画の各部分がどのように関わり合うか。ある要素がすでに起こったことやこれから起こることを、どのように想起させるか。モチーフやわき筋（サブプロット）はどんなふうに機能するか。俳優が声や仕草、表情によって演じる人物を造形する仕方はどうか。監督やカメラマン、音響担当や編集担当は、どのようにムードを作り、意味を伝えているか——こうしたことがらを検討することになるでしょう。

込み入ったシーンを分析する際には、特定の要素ひとつに絞ったほうがよいでしょう。たとえば、照明、編集、カメラワーク、衣装、音楽、音響効果などのいずれかに焦点を当てるのです。すべてのシーンがそうした努力に報いてくれるわけではありません。でも、たいていの映画には、意味や意義が層をなす箇所があるものです。形式と内容がどのように連携して意味を生み出しているか、じっくり検討してください。そうすればきっと面白いアイディアが浮かび、それが論文・レポートのたたき台となることでしょう。

◎映画の形式を描写する

どんな形式要素を選ぶにせよ、生き生きとして詳細にわたる写実的な描写を、読み手に示す必要があります。言い換えれば、語るのでなく、示すのです。論文・レポートで、高さ20フィートもの映像や迫力満点のサラウンドシステムを読み手に示すことはできません。けれども言葉によって、映画のなんらかの形式やあなたが体験したものを再現することは可能です。また、すぐれた描写は分析的たりえます。このことを理解するのも大切です。あるシーンやショットをどう描くかで、自分がどう分析したかを伝えられるからです。そんなわけで、描写を入念に組み立てることが大切なのです。

ではここで、アルフレッド・ヒッチコック監督『めまい（*Vertigo*）』（1958）の冒頭のシークエンスを描写したものを検討してみましょう。最初の例では、書き手にはなにか言いたいことがありながら、詳細なイメージはほとんど示されていないことに注意してください。

　『めまい』の主題は、オープニングのクレジットにさえ見ることができよう。女性の顔のクローズアップと音楽は、心理的問題を想起させる。やがて現われる渦は、ある種のめまいを思わせる。映画『めまい』が、たんなる高所恐怖症をあつかったものでないことは、このオープニングからも明らかである。

この文章は、映画のオープニングを生き生きと描いてはいません。女性の顔のシーンがどんなものであるか、これではさっぱりわかりません。また、精神的に不安定な状態にある女性が映し出されていると思わせる音楽がどんなものであるか、この文章からは伝わってこない。さらにいうなら、ディテールの描写が分析とうまく結びついていません。書き手は、われわれが考えるべきことはなにかを語ってはいますが、なぜそのように考えるべきかを示していないのです。要するにこの書き手は、自分の分析の形成にもつながる描写をするというせっかくのチャンスを、台無しにしてしまったのです。

映画批評家・研究者ロビン・ウッドによる次の例は、ずっと写実的です。「語るのではなく、見せよ（*Show, don't tell*）」の原則を守っているだけではありません。自分の分析のポイントを明らかにするように、描写を組み立ててもいます。この点も心にとめてください。

> 『めまい』の主題の一面は、ソール・バスによるクレジットデザインにみられる。われわれは女性の顔を目にする。カメラはまず唇を映し出し、次に目へと移動する。その顔は無表情で仮面のようであり、外貌の不可解さ、すなわち仮面の後ろでなにが進行しているかを知り得ないことを示している。しかしその目は、神経質に左右に揺れ動く。仮面の奥には、未知の感情、恐怖、絶望が秘められているのである。続いて目の奥で、あたかも見る者を巻き込むかのように、外に向かって、幻惑的な渦状の動きがはじまる。本編がはじまりもしないうちにわれわれは、タイトルの「めまい」が文字どおりの高所恐怖症以上のものを示唆することを意識させられる。(1)

ウッドがおこなったオープニングシーンの分析は成功しています。なぜなら、われわれがオープニングを目にする手助けとなっているからです。また、スクリーンに映し出されたものを具体的に描くことで、「めまい」という主題——これは抽象的なものです——を説明しているからです。

どんな形式要素を分析する際も、できるだけ生き生きとした、写実的な言葉を必ず用いること。具体的なディテールと、注意深く組み立てた観察とを結び合わせ、より大きな主題や概念へとつなげましょう。とはいえ、映画内の細々としたことがらが自分の主張の裏づけとなるよう、常に心がけてください。ディテールを明快に説明すること、これこそが形式分析のエッセンスです。

◎形式分析を実践する：チェックリスト

映画の形式要素を吟味する際には、以下の質問や検討事項に留意しましょう。読み手の便宜のために、主要なカテゴリーにそってこのチェックリストを作成してあります。そのカテゴリーとは、ナラティブ、演出（ミザンセヌ）、撮影法、演技、編集、音響です。後続のページに出てくるこうした用語の意味に確信がもてないなら、本書の巻末の「図解による映画用語解説」を参照してください。用語についてもっと知識を深めたければ、本書の姉妹編『映画を鑑賞する――映画研究入門（*Looking at Movies: An Introduction to Film*）』といった、包括的な書籍を手にとってみてください。

◎一般論的事項

あるシーンにおける映画文法の使用を形式分析する際は、いかなる場合でも、映画作家の意図を検討することからはじめましょう。映画作家はあらゆるツールを自分の思うままに用いることを、忘れないように。映画のどんな瞬間でも、偶然に委ねられているものはまずありません。ですからシーンを分析するに先だって、まずは次のような基本的問題について、自問してみましょう。

- このシーンはなにについてのシーンなのか？
- このシーンを観たあと、登場人物の思考や感情について自分はなにを理解したか？
- このシーンは自分にどのような感情を抱かせるか？
- そうした感情を伝えるために、映画作家はどんなツールやテクニックを用いているか？
- 最初の鑑賞時に見落とした要素はないか？
- この映画を観る前に、自分はどんな予見をもっていたか？　そうした予見はどこから生じたのか？　その予見は映画についての自分の感想を、どう形成したか？

（1）Robin Wood. *Hitchcock's Films Revisited* (New York: Columbia University Press, 1989), p. 110.

- 映画のタイトルからなにを知り得るか？　タイトルは観る前にどんなことを自分に仄めかしたか？　観た後ではどんなことを仄めかしているか？　タイトル（あるいは映画）についての自分の理解は変化したか？

◎ナラティブ

ナラティブは、スクリーン上で語られるストーリーだけではなく、ストーリーを語る手助けとなる映画的工夫なども指します。ナラティブ分析とは、語り手がもつ効果、登場人物間の人間関係、目的を遂げようとする主人公とそれを阻止しようとする敵役といったものを精査します。すなわち、個々のシーンと、それらがプロット全体にどう収まるか、さらにはプロットの要所々々が因果関係で並べられていく流れを検討する、ということです。ナラティブの要素を綿密に吟味するのに役立つ質問として、以下のようなものがあります。

- ナラティブのパターンや視覚的パターンが繰り返されていないか？　もしそうなら、どういったパターンであって、監督が繰り返す理由はなにか？
- 主人公は誰か？　主人公の行為の動機となったり、彼（女）の行為を妨げているのはなにか？
- 登場人物をその深度（立体的か、それとも平板か？）や動機に応じて分類すると、どのようなことを知り得るか？
- カメラが唯一の語り手か（言い換えると、映画のストーリーを観客に「語る」手段はカメラだけか）？　ボイスオーバーや直接的な語りかけといった形で、観客に語りかける者は他にいないか？　限定的な語りかけによって、観客の視野は狭められていないか？　もしそうなら、観客の理解におよぼす効果はどんなものか？
- 映画のナラティブの構造はどのようなものか？　扇動的な出来事があったとしたら、それはどのようなものか？　主人公が追い求める目的はなにか？　主人公はどのような障がいにぶつかり、それに対処するか？　障がいはどのように解消されるか？

- プロットの出来事は時系列にそって並べられているか？　もしそうでないとしたら、どのように並べられているのか？　なぜそのように並べられたのか？
- 映画のわき筋から何を知り得るか？　このわき筋は映画になにを付加しているか？　なぜそこに配置されているのか？
- なぜ物語世界外的要素（たとえば、ボイスオーバー）が、この映画のプロットに不可欠か？　それは映画にとって自然で適切なものと思われるか、それともナラティブの欠陥を補うために、「とってつけた」ものと感じられるか？
- 物語の経過時間とスクリーン上の経過時間との概略的な関係を述べたシーンはあるか？　そうしたシーンは、映画の全体的なナラティブを補完するものか、それとも損なうものか？
- プロット上の主要な出来事がスクリーンに2回以上示されていないか？　もしそうなら、なぜ映画作家はその出来事を繰り返す選択をしたと思うか？

◎演出（ミザンセヌ）

ミザンセヌ（もともとはフランス語で「上演ないし舞台に置くこと」の意）は、映画のすべての視覚的・感覚的要素――観客が観たり聴いたり経験したりするものすべて――を指します。ミザンセヌには、ショットの構成（すなわち、登場人物とモノとがどのように配置されているか、またフレーム内での構図、バランス、配置、動き）にくわえ、舞台セットの意匠、衣装、メイク、小道具といったものが含まれます。意匠と構成、そしてその双方のうちのなんらかの要素をいくぶん強調することで、各ショットや各シーンの意味が作られていきます。以下の質問に答えることで、ミザンセヌのどの要素が、こうした全体的感覚やあなた自身が抱く印象を生み出すかを推論できます。

- 映画の意匠やミザンセヌに対し、自分はどのように情緒的な反応をしているか？ スクリーン上に観るものによって、癒やされたり不安にさせられたりしていないか？
- 映画の意匠は一貫したものと感じられるか？ 意匠の多様な要素（セット、小道具、衣装、メイク、ヘアスタイルなど）は連携しているか、それともある要素がその他の要素の足を引っぱっていないか？ いずれの場合でも、どのような効果を得ているか？
- 意匠とミザンセヌは、適切な時間、空間、雰囲気を表現しているか？ それとも自分を困惑させる、なにか「適切」でないものがなかったか？
- 映画の意匠とミザンセヌとによって、映画作家は「リアルな」な外観（ルック）を作り上げようとしていると思われるか？ もしそうなら、映画作家は成功しているか？
- ミザンセヌを「リアルな」ものにすることがこの映画において重要でないなら、映画作家はその意匠でなにをなし遂げようとしたのか？
- 個々のショットはどのように組み立てられているか？ フレーム内の構図はどのようなものか？ 人物はどこに配置されているか？ 前景、中景、後景に配置された人物間の関係はどのようなものか？
- 映画はオープンフレームとクローズドフレームのうち、どちらを採用しているか？ フレーミングがオープンかクローズドかを示す視覚的手がかりは、どのようなものか？ このフレーミングは、観客の理解にどのような効果をおよぼすか？
- 照明の使い方は、それ自体が注意を引くものか？ シーンの全体的な意味に、照明はどのような影響をおよぼしているか？ 映画全体の意味には、どのような影響をおよぼしているか？
- ショットやシーンに動きは多いか？ この動きはナラティブをどのように補完しているか、あるいはどのように損ねているか？

◎撮影法

撮影法とは、ざっくりというなら、動画を捉えるプロセスのことです。映画には特有の言語があり、撮影法は映画文法（映画の言語がどのように機能して意味を生み出すか）と呼べるでしょう。撮影法は、映画言語を生成する、ショットのタイプ、照明のクオリティ、カメラアングル、特殊効果などについての映画作家の選択から成り立ちます。ちょうど物書きが名詞、動詞、形容詞を選んで意味を生み出すのに似ています。そして、それぞれの言葉にはさまざまな暗示的意味があるように、撮影法の選択しだいでスクリーン上にはさまざまな意味や連想が生み出されます。映画の撮影法を分析する際には、以下の質問を検討してください。

- 観る者がカメラのレンズと一体化するように撮影されているか？　もしそうなら、監督は観る者になにを観るよう仕向けているのか？　自分の想像力に委ねられる余地は残されているか？　要するに、監督のカメラの使い方はどのように映画の意味を生み出しているか？
- 映画の撮影法上の側面（フィルムの品質、照明、レンズ、フレーミング、カメラアングル、カメラワーク、長回しの使用）は、全体的な外観（ルック）に収束しているか？　その外観はどのように描写されるか？
- 登場人物の行動や会話には反映されない情報を伝えている場面はないか？　そうしたシーンはどのようにその情報を伝えているか？
- 映画内で特殊効果は使われているか？　どの程度使われているか？　ストーリーを語るうえで、適切かつ効果的か？　なにかしらリアルでないものをリアルに見せるうえで効果を発揮しているか？
- どんなタイプのショットに目が引かれるか？　カメラマンはミディアム・ショット以外のショット（たとえば、超クローズアップや超ロングショット）を使っていないか？　そうしたショットは映画においてどんな役割を演じているか？

- カメラマンはアイレベル・ショットから逸脱していないか？　ハイアングル・ショットやローアングル・ショットがあったとしたら、そうしたショットは特殊な視点を表わしたものであるか（すなわち、〈主観ショット〉であるか）？　もしそうなら、そのアングルは登場人物の心理状態についてなにを伝えているか？　もしそうでないのなら、フレーム内の人物ないしモノについてなにを伝えているか？
- あるシーン内のショットの構図について、気づくことはなにか？　その構図はいわゆる「三分割法」に則ったものか？　それともフレーム内の諸要素は、「非絵画的」な構図に配されているか？　構図はシーン全体にどのように役立っているか？
- ショットやシーンの色彩は、雰囲気を作り出したり心理状態を示すように、カラーフィルタ、さまざまなフィルム、化学的ないしデジタル処理などによって加工されているか？　どんな効果が生まれているか？
- 撮影法はそれ自体が注意を引くものとなっているか？　映画作家側のミスや誤った判断ではないか、それとも意図的なものか？　意図的なものだとすれば、撮影法をそのように目立たせることで、どんな目的が達せられているか？

◎演技

俳優のパフォーマンスから映画スター個人のアウラ（オーラ）に至るまでのすべてのものが、演技には含まれます。俳優のルックス、声、仕草、彼（女）による登場人物の解釈が、観客に与える効果をとてつもなく左右するのです。また、演技スタイルは映画誕生後の百年以上のあいだに進化してきたので、演技の分析には映画が製作された年代もかかわってきます。以下の質問は、映画内の演技にどう取り組むかという点で、手引きとなるでしょう。

- 他の誰でもなくこの俳優に役が振られた理由はなにか？
- 俳優のパフォーマンスは、首尾一貫したキャラクターを造形しているか？　もしそうだとしたら、どのように？
- 俳優はその役らしく見えるか？　そう見える理由は？　そうは見えない理由は？
- 俳優が登場人物の思考や内面の複雑さを伝えるのに、どのような要素が際立っているか？　ボディランゲージか、仕草か、顔の表情か、言葉そのものか？　俳優はこうした要素をうまく用いているか？
- 俳優は他の俳優とうまく連携しているか？　言い換えるなら、相性はよいか？　俳優たちはその相性のよさをどのようにわれわれに感じさせるか？　逆に言うなら、俳優の誰かが主役の演技を損ねてはいないか？
- 俳優の演技は、それが演技だということを忘れさせるほどの表現力をもっているか？　もしそうなら、俳優はどのようにしてその効果を生んでいるか？　その俳優がトム・クルーズのような映画スターだとして、それがトム・クルーズだということを自分は忘れてしまっているだろうか？　それとも、やっぱりトム・クルーズだと身にしみて感じてしまうだろうか？　どちらの場合でも、どんなことが示唆されるだろうか？

◎編集

編集とは、映画のきわめて重要な構成要素（視覚効果、音響効果、特殊効果）を選別し、並びかえ、組み立てるプロセスのことです。映画のストーリーはそのようにして伝えられます。編集処理によって、さまざまなショット間の関係が生まれ、またショット内の構成要素間の関係が生まれます。そして、そうした諸関係から意味が立ち上がってくるのです。映画作家は多様な編集テクニックとテンポ（フラッシュバック、モンタージュ、高速カット、ロングトラッキング・ショット、ジャンプカット、クロスカットなどなど）を駆使します。それらは、映画とそのストーリーについてのわれわれの知覚にたいへん影響します。以下の質問に答えることで、編集の有効性を評価できるでしょう。

- 映画の編集処理は、観客の時間感覚を操作しているか？　時間の圧縮、遅延、加速、反復、再編は、（どうでもよいシーンを除外する場合のように）たんに実際的な理由によるものか、それとも（別の意味の層を生み出すというふうに）表現上の理由によるものか？　後者の理由によるものだとしたら、なにが表現されているのか？
- 編集は全体として、連続性（コンティニュティ）を生んでいるか、それとも非連続性を生んでいるか？　編集処理が全体として連続性を生んでいるとして、それでもなお非連続性を生んでいる場面はないか？　そうした場面にはどういう意味があるのか？
- ショットからショットへの移行には、どのような効果（例：カットのタイプ、ディゾルブ、ワイプなど）の使用が観察されるか？　編集担当者は、特定の効果を何度も使っているか？　移行はシームレスでほとんど気づかないほどのものか、それともそれ自体が注意を引くものか？　編集担当者がこれらのテクニックを用いる理由はなにか？　それらがもたらす効果はなにか？
- カットからカットへ変わる瞬間ごとに、テーブルの天板かなにかを軽く叩き、編集のリズムを感じとってみよう。そのリズムはどのように描写されるか？　そのリズムは一定しているか、それともスピードが上がったり下がったりするか？　映画に対する情緒的反応にどう影響するか？
- ショットの内容を完全に理解する前にカットされるショットはないか？　逆に、本能的には次のショットに移ってもよいと思えるのに、そのまま続くショットはないか？　持続時間についての標準的なアプローチから逸脱した手法は、そのショットを経験・解釈するうえでどのような違いをもたらすか？
- 映画内のさまざまな種類のマッチカットを検討するならば、それぞれのマッチカットはどのような視覚的ないし物語的情報を伝えていると考えられるか？

・ハリウッドのコンティニュティ編集の慣習（たとえば、マスターショット、180度ルール、リバース・ショット、マッチカット、パラレル編集といった技法の使用）がなんらかの形で破られているシーンはないか？　そうしたシーンは、いつ、どのようにスクリーン上に出てくるか？　そうしたシーンの意味はなにか？

◎音響

映画でわれわれが耳にする音響（音楽、台詞、効果音）は、目にするものと同じくらい、意味を生み出します。映画の視覚要素によって作られた世界を、音響は再現し強化します。それによって、映画作家は映画のストーリーを語るのです。台詞、音楽、環境音、さらには沈黙さえもが、シーンから受ける印象を完全に変えてしまうことがあります。目にするものが同じであってもです。映画の音響を分析する際に検討すべきものには、以下のようなものがあります。

・どれが物語世界の音か？　どれが非物語世界の音か？　スクリーン上の音はどれで、スクリーン上の音でないのはどれか？
・ショットやシーンでは、どのような音響（音声、環境音、効果音、音楽、沈黙）が使われているか？　どのような効果をもたらしているか？
・音響が視覚イメージを補強し、それによって強調がなされる場面はないか？　その場合、音響使用の目的はなにか？
・音響はどのように登場人物の特徴づけをしているか？
・音楽はどのように用いられているか？　補完的にか？　アイロニカルにか？　音楽は物語世界に属しているか、それともショット内の登場人物には聞こえないものであるか？

- この映画では、映像と音響は互いに補完しているか、それとも一方が他方を圧倒しているか？
- この映画では、沈黙が表現力豊かに用いられているか？　そうだとすれば、どのように？
- この映画では、音響への包括的なアプローチが見られるか——具体的には、音響が映像と同等の表現力をもっているか？　答えがイエスなら、そこでなにが起こっているのか？

◉意味の探求

◎形式と内容

ここまで多くの時間をかけて、映画の形式要素を考察するよう説いてきました。それはたしかにそうなのですが、どんな映画にも、形式と相携えて歩む側面がもうひとつあることを知るのも大切です。それは、形式を形作り、また形式によって形作られるもの、すなわち映画の〈内容（コンテンツ）〉です。

〈形式〉と〈内容〉という用語は、芸術をあつかうアカデミックな議論には、まず間違いなく登場します。しかし、この2語はどういう意味なのか？　また、なぜそんなにもペアで現われるのか？　最も基本的なレベルでは、内容とは芸術作品の主題（その作品はなにについてのものなのか）、そして形式とはその主題が表現・経験される手段と定義することができます。この2つの用語がしばしばペアで現われるのは、芸術作品がその両方を必要とするからです。内容は表現すべきなにかを差し出します。他方、形式は内容をオーディエンスに伝えるのに必要な方法やテクニックを用意します。

しかしながら、形式はわれわれに主題／内容を見せるだけではありません。形式を特別な仕方で見せるのです。形式によって芸術家は、われわれが内容をどう経験するか、どう解釈するかまで、方向づけるのです。映画がどのように機能するかを理解するにともない、形式と内容がどのように連携して意味を生み出すかについても、われわれは次第に理解を深めていきます。言い換えれば、われわれは内容としての形式を見ることになります。形式要素が内容についてなにか重要なものを伝える、という理由からです。また、形式としての内容も見ることになります。内容はそれがとる形式によって形成される、という理由からです。

ややこしいのは、映画が伝えるストーリーにくわえ、その映画の深層には、文化的価値、共有理念、その他の考え方があることです。映画がとる特定の形式にくわえ、こうした文化的内容（ストーリー、前提、価値観、観念）が、映画内にさまざまな意味の層を創り出します。そうした意味の層は、互いに重なり合い、交差し、情報を伝え合います。どんな映画でも意味が幾層にも重なっていると思うと、映画を観るという行為に怖じ気づくかもしれません。でも、映画をぼんやり眺めるのでなく、能動的に観る習慣がつきさえすれば、映画の意味を観察し、発見し、解釈するプロセスは、ずっと親しみやすいものに感じられるはずです。また、映画のなかに意味の層がいくつあろうが、それぞれの層は〈明示的〉か〈暗示的〉かのどちらかです。このことも頭に入れておくとよいでしょう。

◎明示的および暗示的

明示的意味とは、映画がまさにその表層に示すメッセージのことです。たとえば、ストーリーの中心にある事実は明示的です。これに対し、暗示的意味は、映画のストーリーと表象の表面下にあって、われわれが日常的に用いる〈意味〉にたいへん近い。その点では、映画の表層にある明示的な意味にもとづいて観客が形作る連想、関連、推測だといえます。

この２つの意味のレベルがどう違うのかを示すために、『ＪＵＮＯ／ジュノ（*Juno*）』（２００７）をめぐる２つの言説を検討してみましょう。まずは、この映画を観ていない友だちに、どんな映画なのかと尋ねられたとしましょう。この友だちは、詳細なプロットの要約がほしいわけではありません。ただ、この映画を観にいったらなにを観ることになるのかを、知りたいだけなのです。言い換えると、『ＪＵＮＯ／ジュノ』の明示的意味についての言説を求めているのです。この質問には、次のように答えられるでしょう。「その映画だったら、生意気だけど頭の切れる16歳の女の子の話だよ。彼女、妊娠しちゃって、そのことにガチで取り組む決心をするんだ。最初は子どもを堕ろそうとする。だけど、それはやめにして、赤ちゃんが生まれたら養子にとってくれる夫婦を探すことにしたんだよ。映画の後半は、そのことが巻き起こす騒動に、彼女がどう立ち向かうかを描いているんだ」

もし友だちが、この明示的意味の説明を聞いて、次のように尋ねてきたらどうしますか？　「うん、なるほどね。でも、その映画はなにを言おうとしているの？　どういう意味なの？」。この場合のように、誰かが映画全体の意味について尋ねているとき、彼（女）は映画の全体的なメッセージもしくは「ポイント」といったものを求めているのです。要するに、誰もが見解一致するような、わかりきった表面上の意味のことを聞きたいのではなく、映画の解釈――議論の対象となりうるなにか――を話してもらいたいのです。言い換えるなら、映画の暗示的意味についてのわれわれの印象を尋ねているのです。こんなふうに答えられそうです。「むずかしい選択に直面したティーンエージャーが、思い切って大人の世界に飛び込むのだけど、そうするなかで、大人たちの世界も思春期と同じくらい不確実でさんざんなものだと気づくんだ」

一見すると、この説明も映画の明示的意味をまとめたものと共通する部分が少なくないように思えるかもしれません――実際、まさにそのとおりなのです。結局のところ、たとえ意味が表面下にあるのだとしても、やはり表面に関係しないわけにはいかないのです。映画の暗示的意味についてのわれわれの解釈は、表層で明示的に示されたディテールに根拠がなければいけない。とはいうものの、前記の2つの言説をじっくり比べてみるならば、2つ目のほうが最初のものより解釈的で、映画が「意味する」ものにかかわっていることがわかるでしょう。

明示的意味も暗示的意味も、映画全体に関係する必要はありません。また、暗示的意味のすべてがおおまかなメッセージや主題に結びついているわけではありません。どちらの意味も、ほぼすべてのシーンでその片鱗がうかがわれます。一例をあげましょう。赤ちゃんの養父となるマークのもとを訪れる前に、ジュノは口紅をつけます。これは、明示的な情報です。この行為の意味——マークへの賞賛が恋心へと発展しつつあること——は、暗示的です。その後、奥さんと別れるので赤ちゃんの父親にはなれないとマークは告げてきますが、これがジュノをひどくうろたえさせます。車での帰り道、幻滅したジュノは涙があふれ、やむなく高速道路から下ります。水路に打ち捨てられた朽ちかけのボートのわきで車を停めます。放棄されたボートのありさまと一面の草むらに散らばる船舶。これらはジュノの孤独と疎外という暗示的意味を伝える明示的なディテールです。要するに、映画を理解し鑑賞する能力とは、映画の明示的メッセージと暗示的メッセージとをつなぐ能力に依拠するものなのです。

第4章 文化的分析

4 Cultural Analysis

すでに述べたように、映画作家は映画言語の慣習に従って、映画の内なる働きをわれわれ観客に「可視化」します。映画作家がわれわれに望むのは、自分が創り出した想像世界にどっぷり浸かってもらうことであって、その世界を創り出すのに用いた技術的な仕掛けに気をとらせることではありません。

これと同じ商業的本能によって、映画作家は方法や仕掛けを隠蔽しようとしますが、さらには観客が共有する信念の体系を強化するストーリーや主題を好むようにもなります。メジャーな映画会社はおおむね、観客を挑発するのではなく、楽しませようとします。楽しませるカギは、「彼らが望むものを与えること」——彼らの最も根源的な欲求と信念を引き出し強化すること——です。ですが、「問題作」とか「挑発的」とされる映画であっても、奥深く潜む欲求や信念を強化するような感情的反応を引き起こすのであれば、人気作品となることがあります。こうした反応の多くの部分は、無意識的・情緒的レベルで発生します。そのため、なんの気なしに映画を観ていては、その映画を魅力的なものにしている暗に含まれた政治的・文化的・イデオロギー的メッセージを、見落としてしまうことになります。

むろん、こうした文化的な不可視性は、映画作家側が計算づくで決定したものとは限りません。結局のところ、監督も脚本家もプロデューサーも、想定上の観客が住まうのと同じ社会の住人なのです。映画を作る人びとは、彼らの映画のストーリーを形成する文化的態度について無頓着なだけかもしれません。

このようにどんな映画にも、暗示的意味の層には、映画作家が意識的に組み立てたものだけでなく、彼らが意図していなかったものも含まれています。この事実は、論文・レポートを書くあなたにとって、解放をもたらすものでしょう。映画作家の意図をあつかうことだけにしばられる必要はないのです。映画がはからずも伝達するメッセージや、映画が観客に与える影響を探求してもよいのです。「意味」について語るとはどういうことかを、ここまで時間を割いて説明してきました。ようやくわれわれは、映画分析の次なる一般的なアプローチ、すなわち〈文化的分析 cultural analysis〉に取りかかる準備ができたのです。

◉文化的分析とはなにか？

映画研究者は、映画がどのように「機能する」かを理解するのに、その表層を眺めるだけではありません。映画作家や観客が当然と思っている文化的前提を反映する暗示的意味の層も考察します。映画研究者がこのように映画を分析する際の手段は、そもそもは社会理論家、文化評論家、哲学者らによって培われた批評理論から借用したものです。こうした理論的枠組みは、プロの映画研究者にとっては「商売道具」となっていますが、研究をはじめたばかりの学生にも興味深いものとなるでしょう。論文・レポートを書く前に映画理論をマスターしなければと、プレッシャーを感じる必要はありません。映画研究者がよく用いる理論的枠組みの基礎を理解するだけでも、初学者にとっては役に立つものなのです。第1に、そうした理論は、映画内で当然視されている暗黙の了解事項に、分析的な見方をする方法を示してくれます。第2に、それらの理論は、あなたが映画を観る際にさまざまな枠組みを提供し、それによって論文・レポートを書きはじめるきっかけとなります。

最も重要な映画研究の理論的枠組みとしては、〈マルクス主義〉〈フェミニズム〉〈人種とエスニシティ研究〉〈クィア理論〉といったものがあります。こうした理論を映画に当てはめるならば、批判的な視点が得られます。すなわち、映画内での社会経済的状況（マルクス主義）、ジェンダー（フェミニズム）、人種的・民族的・国民的アイデンティティ（人種とエスニシティ研究）、セクシュアリティ（クィア理論）の描き方を検討できます。それではこうしたカテゴリーのひとつひとつをとりあげ、どのように映画分析に応用できるかみていくことにしましょう。

◎社会経済的状況

人間たちのストーリーでは、社会経済的状況の話題が避けては通れないものとなっています。登場人物は金持ち、貧乏、あるいはその中間のいずれかです。登場人物の存在をめぐる具体的状況がその人物造形を方向づけ、物語（ナラティブ）が彼らに用意する試練を決定します。映画作家の観点や映画が製作・上映される文化しだいで、映画は特定の社会階級を否定的にも肯定的にも、あるいはその中間にも描き得るのです。スクリーン上に描かれる社会階級秩序の正当性（またはその不当性）について、映画は明示的もしくは暗示的メッセージを発します。あるいは、さまざまな社会経済的階級間に存在する緊張について、映画作家も登場人物も気づかないふりをしているように見受けられる場合もあるかもしれません。

映画内の社会経済的階級の問題をあつかう理論的枠組みが、〈マルクス主義的映画分析〉です。この枠組みでは、社会における支配的な権力構造を映画がどのように強化するか、あるいは批判するかに焦点を当てます。この理論的分析は、カール・マルクス（1818—1883）による浩瀚（こうかん）な哲学的・経済学的著作に依拠しており、映画を罪のない娯楽とはみなしていません。むしろ、社会の現状が（大体において）維持されたり、（まれに）転覆されたりするうえでの重要な手段と映画をみなしているのです。

マルクス自身は（法律、宗教、その他の制度とならんで）芸術を、社会の〈上部構造〉の一部とみていました。すなわち、権力の最高位にある者たちの見方・考え方を反映する観念とイデオロギーのカバー、ということです。マルクスによると、（映画を含む）大衆芸術の様式は労働者階級や貧困層を引き寄せ、社会階層の頂上にある者たちの権力を持続する観念に結集させるのが常である。たとえ現状が自分たちにとって不公平であっても、労働者階級や貧困層にそれが不可避かつ正常なものだという一般的合意があるならば、彼らはマルクスのいう「虚偽意識」を示すようになる。彼らが支持する価値観は、自分たちの社会経済的利害には真っ向から反するものとなる。大衆芸術とは、権力を掌握する者たちが貧困層や労働者階級に虚偽意識を受け入れるように仕向け、支配的な文化の価値観と観念を内面化するよう促す手段のひとつである。これがマルクスの見解です。

もちろんどんな芸術作品でも、支配的な権力構造のなんらかの側面を強化すると同時に、他の側面に対してはマイナスに働くこともあるでしょう。芸術作品には、支配的なナラティブから自由になり、われわれに新鮮な目で「ものごとをあるがままに」見させる可能性が、常に秘められているからです。とはいえ、この理論によれば、社会環境がもつ非常に強大な影響力のせいで、どんなにラディカルな芸術家でさえも、一般に受け入れられた観念や言説から完全に自由になるのはむずかしいとされます。

現代の映画研究者の多くが、この考え方にしたがって映画を分析し、権力と階級についての暗黙の了解事項を明らかにしようとしています。マルクス主義的分析では、社会階級が映画内でどのように表象されているか、また階層秩序における各階級とその位置とについて、映画がどのようなメッセージを発しているかを考察します。支配的イデオロギーを弱体化させようとあからさまにもくろむ映画を検討する際には、どのようにそれに成功しているかも、その逆に不覚にも既存の社会構造をどのように強化しているかも、マルクス主義的分析は考察するのです。

あなたが自分の分析の出発点として、社会経済的状況の問題を検討する気があるのなら、以下の問題を考察してみてください。

- それぞれの登場人物の社会経済的状態は、物語（ナラティブ）において重要な役割を演じているか？　どのように演じているか？

- 特定の階級出身の人びとが否定的に（あるいは肯定的に）描かれていないか？　もしそうなら、そうした描写のポイントはなにであろうか？
- この映画は社会経済的な現状を批判しようと企てているか？　どのようにそうしているか？　現状のどんな側面が不問に付されているか？
- 映画では価値あるもののほぼすべてが、売買されうるもの（すなわち〈商品〉）か？　それとも経済領域の枠を超える価値を描いているか？　概していうなら、この映画ではどんな価値が肯定的に論じられているか？　そうした議論はどのように提示されているか？

映画開闢（かいびゃく）以来お金のことは、数え切れないほどのギャング映画が好んでとりあげる話題でした。エリッヒ・フォン・シュトロハイム監督『グリード（*Greed*）』（1924）、オーソン・ウェルズ監督『市民ケーン（*Citizen Kane*）』（1941）、ポール・トーマス・アンダーソン監督『ゼア・ウィル・ビー・ブラッド（*There Will Be Blood*）』（2007）、デヴィッド・フィンチャー監督『ソーシャル・ネットワーク（*The Social Network*）』（2010）といった映画でも然り。お金はあらゆる人種、信条、バックグランドの男女を動かします。起業家精神と成功を讃える国、アメリカにおいて、このことは驚くに当たりません。

興味深いことにスポーツ映画でも、勝利のためにお金と社会経済的状況が果たす役割をあつかうことがしばしばです。たとえば、マーティン・スコセッシ監督『ハスラー2（*The Color of Money*）』（1986）、同『レイジング・ブル（*Raising Bull*）』（1980）、キャメロン・クロウ監督『エージェント（*Jerry Maguire*）』（1996）などがあげられます。ベネット・ミラー監督『フォックスキャッチャー（*Foxcatcher*）』（2014）もそうです。この映画は、オリンピックの全米代表レスリングチームを作るためならどんな多額の費用も厭わないという、実在の人物ジョン・デュポン（スティーヴ・カレル）のこだわり（これを「異様」というひともいます）をあつかっています。世界でも屈指の大財閥の御曹司であるデュポンにとって、これは容易で当然のことにさえ思えました。そこで、断固たる決意と高額の報償金で、社会経済的階層の対局にいるスター・レスラーのマークとデイブのシュルツ兄弟（それぞれチャニング・テイタムとマーク・ラファロが演じています）らをスカウトします。ここでは、世襲の資産家＝権力、若きレスラー＝才能、という図式が成立します。この映画は、栄光が約束された物語としてはじまり、デュポンがデイブを射殺するという悲劇で終わります。おそらく動機はデュポンの嫉妬。というのも、デイブは弟に崇拝され、愛する妻子がいたからです。

お金がかくも重要な映画では、この結末についての責任の少なくとも一端は、社会経済的な力にあります。デュポンの資力は、彼が愛するスポーツよりも大切なのか？　お金で幸福が買えるのか？　お金は「諸悪の根源」なのか？　デュポンは悪として描かれているのか？　貧しい少年たちは、デュポンの栄光の夢のために使い捨てられる、脆弱な製品として描かれているのか？　お金は家族の価値をどこまで決めるのか？　デュポンの伝説的な「王朝」と、夢の途上にあるシュルツ兄弟のスポーツの王朝とでは、違いがあるとしたら、それはなにか？

◎ジェンダー

社会経済的状況と同じように、ジェンダーはいやしくも語られ得るどんなストーリーでも、その一端を占めるものです。実際、世界で最も人気のあるストーリーの大半は、ジェンダーのなんらかの側面をよりどころとしています。それが、男性（あるいは女性）であるとはどういうことかについての映画であっても、両性間のしばしば矛盾に満ちた関係についてのものであっても、いずれかのジェンダーに伝統的に割り当てられた社会的役割についてのものであってもです。

こうした問題を映画研究者が分析する際にその理論的視点となるのが、〈フェミニズム〉（あるいは〈ジェンダー研究〉）です。フェミニズム映画理論は、フェミニズム運動全体を特徴づける関心事に映画研究を結びつけます。そうした関心事とは、具体的には、社会や芸術における男女平等への願い、社会で伝統的に女性に割り当てられた役割の批判的検討、そしてステレオタイプを強化し、現状を「自然」かつ不可避なものとする、男性と女性の表象に対する敏感さ（および批判的展望）といったものです。

フェミニズム映画批評家は、男性の欲望の受動的な対象として描かれる女性の表象に、とりわけ注意を払ってきました。こうした描き方によって、女性キャラクターは、そのアイデンティティがひとえに男性によって定義されるという状況にまで、追いやられます。そして男性は、彼女らの性的魅力によって彼女らを受け入れもすれば拒絶もします。しかし、もっと興味深いのは、観客であるわれわれも——男性であれ女性であれ——それと同じことをする点です。映画研究者ローラ・マルヴィは、その画期的論文「視覚的快楽と物語映画」（1975）で、次のような立場をとりました。すなわち、映画は観客に対し、男性主人公の（そしてカメラの）「凝視」と同一化し、それによってわれわれが美的対象を見る際にそうするように——つまり、望ましさに基づいて——女性キャラクターの価値を判断するよう仕向ける、という立場です。

芸術には他にももちろん、伝統的な女性キャラクターの「タイプ」があります。けがれを知らぬ処女、無力で「嘆き悲しむ乙女」、魔性の女（ファム・ファタール）、などなど。ですがフェミニズム批評家に言わせるなら、これらも男性によって男性のために構築された、偏見だらけのステレオタイプにその起源が求められる、ということになります。したがって、フェミニズム批評の中心的課題は、そうしたステレオタイプ的な描写が映画に現われしだい、同定し解体することです。少なくとも1960年代以降のフェミニズム批評のおかげで、現在では女性が映画を製作することも増え、それ以外でもスクリーン上の女性の描かれ方にかつてないほど影響を与え続けています。それゆえにフェミニズム批評家のなかには、過去のステレオタイプを打ち破り、女性をもっと能動的で多様性に富み、完全に自分に目覚めたものとして描く作品を生み出す映画作家を論じることに、力を注ぐ者もいます。こうした批評家が支持するのは、もっと陰影に富んだジェンダー描写をする映画です。

もし映画におけるジェンダーの役割に関心があるのなら、以下の質問を自分に投げかけていきなり思考を活性化させてみるとよいでしょう。

- この映画の登場人物の女性は、男性の登場人物と同じくらい完全に自覚的であるか？　彼女らはどのような特徴をもっているか？　彼女らに欠けている特徴はなにか？　こうしたことは、映画作家が女性を配するそのあり方について、なにを物語っているか？
- 女性主人公（たち）のアイデンティティは、主に彼女（ら）のセックスアピールによって規定されているか？　こうした描き方が示唆するものはなにか？
- この映画のナラティブは、両性間の関係が「自然」で妥当なものと示唆しているか？　それとも現状を批判していると思われるか？　後者であれば、その批判の本質はどのようなものか？
- 製作・上映時に流布していたジェンダーの役割に関する前提を、この映画は反映しているか、それともそれに抗しているか？　その方法は？
- 映画の形式的側面（撮影法や編集法など）は、男性主人公の視点から登場人物の女性を見るよう仕向けるものか？　その視点は、登場人物についての理解をどのように制限するか？
- この映画の女性主人公に共感できたか？　できた場合もそうでない場合も、その理由は？

世界的にフェミニズム運動は、少なくともひとつの共通する目標――男性と女性の平等――を有しています。とはいえ世界には、女性がその社会特有の責任、必ずしも平等を伴わない責任を担わされている国も存在します。その一例を、ラマ・バーシュテイン監督の『フィル・ザ・ヴォイド（*Lemale et Ha'halal*）』（２０１２）にみることができます。監督は、イスラエルのユダヤ教正統ハサディ派の家族が直面する苦難を注意深く見守ります。映画の題名は、ヨハイ（イフタチ・クライン）が直面する苦境を指しています。彼の妻エステルは出産時に死去し、彼は赤ん坊をどうやって育てるかという問題を突きつけられます。彼は、（登場人物全員がそうであるように）敬虔なユダヤ教徒として、長い歴史をもつこのコミュニティがよって立つ厳格な掟や伝統（それには見合い結婚も含まれる）をよく心得ています。あらゆる点でといっていいくらい、男性と女性は全然別の人生を送るのです。筋金入りのフェミニストである監督は、見合い結婚の慣習が観客の目にはどんなに煩わしいものと映ろうとも、女性には誰と結婚するか、最終的な決定権があると伝えます。たとえその決定にたどりつくまでに、多くの障がいがあるとしてもです。『フィル・ザ・ヴォイド』は、ユダヤ教正統派コミュニティの内外で公開されました。

『フィル・ザ・ヴォイド』では、新しい妻を迎えるのにお定まりの方法よりも有意義な方法が示されているのですが、ヨハイには2つの選択肢があります。ひとつは、18歳になる義理の妹シーラ・メンデルマン（ハダス・ヤロン）——彼女は赤ん坊の世話をしてきたのですが、好意を寄せる若者との見合い結婚を望んでいる——と結婚すること。もうひとつは、彼が子どもの頃から知っている（ですが映画には登場しません）、もっと年かさの女性と結婚すること。彼にとってこの選択はたやすいものではありません。また、彼（とシーラ）がどうすべきかについて、家族やユダヤ教の聖職者、そしてお節介焼きから、アドバイスがひきもきらずといったありさま。このコミュニティには、伝統と義務と干渉にしか居場所がなく、愛情の入りこむ余地などないと感じる者もいることでしょう。

実際、ヨハイとシーラは自分たちが結婚する理由をめぐってたびたび意見を戦わせるのですが、どちらも愛情を口にしたりしません。いずれにせよこの混乱のなかで、どちらも身勝手さ、伝わらぬ思い、秘められた感情によって、傷ついていきます。しまいには、おおいに考え、しきたりを受け入れ、祈ったすえに、愛情がふたりを変貌させるかのように思わせますが、どちらも愛という言葉を口にしません。監督は意図的に、解釈をわれわれに委ねているのです。肝心なのは、事実ではなく思いです。それでもなお、結婚を決めるのはシーラであり、それも彼女だけが決めたことです。ふたりは結婚し、新しいアパートに引っ越すところで映画は終わります。

映画はこのコミュニティについて、充分な手がかりを与えてくれます。そしてわれわれに、コミュニティが抱える問題を深く知り、そのなかでジェンダーが果たす役割について、われわれなりの見解を形成する機会を与えてくれます。大切なのは、白黒をつけるのではなく、理解すること。以下のことを検討してみてください。

- 思考、議論、決断のプロセスは、シーラを変えたか？ もしそうなら、どんなふうに？
- シーラが暮らす相対的に閉じられたコミュニティの外でも、彼女はその存在感を示すほどの女性キャラクターか？
- 彼女の人間としての成長は実際にありえるものか？ それとも彼女はひとつのステレオタイプにすぎないか？
- 監督は女性である。男性であれ女性であれ、監督はどのような観点から登場人物を描いているか？ とくに、監督は女性を男性とは違った形で撮っているか？
- あなたのジェンダーがなんであれ、映画中の男性と女性に共感するか？ とくに、シーラとヨハイにはどうか？
- 映画のエンディングで、ヨハイはシーラがおずおずと佇むなか、自分たちの新しいアパートのドアを閉じる。このドアは、彼らの新生活とのかかわりにおいて、象徴的な価値をもつのだろうか？
- シーラは、固定した生活様式をもった、閉じられたコミュニティに生きる若い女性である。だがわれわれは、外部の社会が文化的に変化しつつあることも知っている。彼女の年齢は、彼女の決断にとって有利なものか？

◎人種、エスニシティ、ルーツ

アメリカ映画の長い歴史における多くの映画は、主に（あるいは第一に）白人の登場人物をスクリーン上に提示してきました。そうでない場合でも、多様な登場人物が現われるものの、人種的ないしエスニックマイノリティを、いささかあからさまに、あるいは露骨に描きます。現代の映画では、多様な人種、エスニシティ、ルーツをもつ人びとが、かつてないほど登場するようになりました。とはいえ現在でさえ、ハリウッドのメジャー映画が人びとを戯画化したりステレオタイプ的に表象したりすることがよくあります。その人びととは、映画のプロデューサーが主たる観客とみなすものとは異なる人種、エスニシティ、出自の者たちのことです。

リアルなものであれ想像上のものであれ、ある特徴を共有する多数派によって社会が構成されると、その多数派（マジョリティ）の観点を特権化する傾向が生じます。少数派（マイノリティ）の視点は無視されるか「他者化」されるかのどちらかで、その結果、多数派集団とその価値観が強調されるのです。こうした信念によって、それ以外の集団の成員が、可視化されたり、その声が届いたり、敬意をもって遇されたりすることがむずかしくなります。

このような問題に敏感な映画研究者や批評家は、さまざまな分析的・理論的ツールを自分の仕事にもち込みます。そのため、こうした批評家が用いる具体的な理論的観点に名称を与えることは、かつてよりもむずかしくなっています。人種、エスニシティ、ルーツについての文化的描写をめぐる専門批評には通常、心理学、社会学、哲学の基本概念に広く通じ、また文化史・政治史を幅広く理解していることが求められるようになっています。

人種、エスニシティ、出身国間の緊張や不均等を描く映画。初心者にとって、そうした映画の分析を充実したものにするのは、関連する話題への敏感さ（あるいは「他者（アウトサイダー）」とみなされるという原体験）です。こうした映画について的確な疑問を投げかけさえすれば、有意義な関心と重みがくわわった分析をともなう観察が可能となります。以下は、出発点としての質問です。

- 映画で描かれる場所や時代についてのあなたの知識からして、当時その地において重要かつ可視的であった集団でありながら、映画内に登場しないかほとんど不可視な集団はないか？　なぜその映画で彼らは描かれないのか？
- その映画では、視覚的手がかり（照明、カメラアングル、編集、意匠、メーク、俳優のボディランゲージ）によって、登場人物が明らかに「他者」（「正常な」多数派の枠外にいる、奇異で、異質で、恐ろしくありさえするタイプの人物）とされてはいないか？　もしそうなら、その手がかりはなにであって、どのように機能するのか？
- その映画は、マイノリティの特徴について、従来のステレオタイプを強化することでよしとしているか？　それとも、そうしたステレオタイプに抗していると思われるか？　そうであれば、どのように？
- その映画は、人種、エスニシティ、異文化間の関係を、複雑かつ相矛盾する社会的相互作用として描いているか？　それとも、文字どおりにせよ比喩的にせよ、「白黒はっきりした」世界観を提示しているか？　こうした関係の複雑な、あるいは単純な描き方は、いかなる効果をもつか？

今日では人種、法の遵守、移民法への国民的な関心の高まりもあって、人種、エスニシティ、ルーツといった話題を、アメリカの映画が真摯にとりあげようとしていることが見て取れます。そうした映画には（いくつか例にあげると）、テレンス・ナンス監督『あまりにも単純化しすぎた彼女の美（*An Oversimplification of Her Beauty*）』（2012）、クエンティン・タランティーノ監督『ジャンゴ　繋がれざる者（*Django Unchained*）』（2012）、スティーヴ・マックイーン監督『それでも夜は明ける（*12 Years a Slave*）』（2013）、リー・ダニエルズ監督『大統領の執事の涙（*The Butler*）』（2013）、エイヴァ・デュヴァーネイ監督『グローリー／明日への行進（*Selma*）』（2014）、セオドア・メルフィ監督『ドリーム（*Hidden Figures*）』（2016）などがあります。これらの映画は、アメリカの映画史を通じおしなべて無視された奴隷制、公民権運動、国内状況をとりあげます。そして監督たちは、自分が白人であれ黒人であれ、いくつもの視点から、人種、民族、異文化間の相互の交流をとりあげます。『それでも夜は明ける』といった映画では、邪悪な農場主の白人と虐げられた黒人奴隷という、白黒はっきりした単純な世界観が示されていることは事実です。ですが、それ以外の視点も提示されているのです。たとえば、奴隷制に反対する白人や、互いに裏切り合う黒人というように。

テイト・テイラー監督『ヘルプ～心がつなぐストーリー～（*The Help*）』（２０１１）は、いくつものストーリーが複雑にからみ合った映画です。１９６０年代南部でも最も混乱をきわめた地のひとつであるミシシッピ州ジャクソンで、白人女性たちが使用人の黒人女性（ヘルプ）をどうあつかったかを、曇りのない目で冷徹に検証しています。それこそが、この映画の中心にあるものです。彼女たち中流の白人女性は、トランプゲームに興じたり、黒人メイドたちにいばり散らすほかに、ほとんどすることがありません。そして使用人たちは、すべての家事をさせられるばかりか、白人の子どもたちの世話まで押しつけられている。映画はこの小さな町の人種差別を徹底して描いていて、白人女性たちが白人優越主義以外の生き方を知らずにいたことがわかります。とはいえ、例外もありました。大学を卒業して町に戻ってきた若い白人女性、ユージニア・〝スキーター〟・フェラン（エマ・ストーン）です。彼女は黒人メイドたちに、自らの経験を語るよう説得し、それを一冊の本にまとめます。本が出版されると、白人の雇い主たちの非道ぶりが暴かれ、町の実態が白日のもとにさらけ出されます。他にも、町の文化にどっぷり漬かった２人の白人女性が、勇気を出して自分たちの態度を改めていきます。スキーターの母親（アリソン・ジャネイ）は変わるにはもはや歳をとりすぎていますが、この映画中で最も不愉快な女主人の母親（シシー・スペイセク）は、わが娘のふるまいに長いこと反対の立場でした。主たる黒人キャラクターたち（ヴィオラ・デイヴィス、オクタヴィア・スペンサー、シシリー・タイソン）は、主人の命令どおりにふるまわねばなりませんが、さりとて彼女らは黒人使用人のステレオタイプを強化する登場人物ではありません。低賃金、厳しい規律、バスや住宅の分離、教育を受ける機会の乏しさが、彼女たち黒人女性とその家族に与える影響を、われわれは目の当たりにすることになります。そして、黒人のコミュニティでも白人のコミュニティでも、監督はドキュメンタリーのごとき正確さで、おのおのの暮らしぶりを描いてみせます。けっして誇張も単純化もせずに、それをなし遂げているのです。まるでわれわれがその場に居合わせ、自分の目で目撃するかのように。そして、それが現実に違いないと思えるほどに。というのもわれわれの大半は、ジャクソンのような町のことを直接には知らないからです。テイラー監督のアプローチによって、彼の洞察を信じざるを得なくなるほどです。

『ヘルプ～心がつなぐストーリー～』は、人種差別によっていまだに深く切り裂かれた土地と時間をとりあげています。そして登場人物たちは、黒人であれ白人であれ、フェアに描かれています。この映画は第一義的に、女性たちをめぐる映画です。そして、彼女たちの風貌、話しぶり、ものごし、さらに家庭の飾りつけまでが、有閑階級と労働者階級とを分断します。この映画は希望を感じさせる言葉で終わります。ですが、その描写がどんなに正確だとしても（この点ではすべてのひとの見解が一致するわけではないでしょうが）、従来のハリウッドがコミカルな黒人乳母（ナニー）やメイドといったステレオタイプが登場する世界のみを提示していたことを、われわれは知るのです。

◎セクシュアリティ（性的指向）

「正常（ノーマル）」とは、人間のセクシュアリティについていうなら、一体なんなのでしょうか？「異常（デビアント）」とは？こうした区分が多くの人びとの関心をおおいに引くこと、そしてさまざまな性行為のカテゴリー間の境界が常に流動的であることは、疑いを入れません。

映画における「異常な」性行為の描写を批評したり、人間にとって唯一「正常な」性的アイデンティティとは異性愛であるという観念を強化するメジャー映画の傾向を批判的に検討する研究者。彼らは、さまざまな理論的ツールを用いて分析をおこないます。こうした仕事すべてを包括するのが、「クィア理論」と呼ばれるものです。

クィア理論を分析の基点とする映画研究者は、一般とは違うセクシュアリティの描写や、「異性愛規範的（ヘテロノーマティブ）」メッセージ（異性愛だけが「正常」とみなすに値するという見解を支持する、微妙かそれほど微妙でもないメッセージ）を映画がどのように伝えるかに着目します。こうした研究者は、マリファナ、男装や女装、おかまっぽい言動、性同一性障がいといった反主流の現象に関心を抱くことがしばしばです。というのもこうした現象は、ジェンダーの慣習が明らかに「パフォーマンス的」であって、それゆえ容易に（また往々にして面白おかしく）パロディ化できることを浮き彫りにするからです。もうひとつ、クィア理論の明白な使命は、他の性的アイデンティティの切り捨て、歪曲、ステレオタイプ化を批判することです。

興味深いことがあります。これまでの歴史を通じ、ゲイ、レズビアン、トランスジェンダー、あるいは性的アイデンティティの「規範」と社会的に定義されるものの枠外にあった多くの映画作家たちは、自身のそうした側面を秘密にしていたのでした。クィア理論を唱える者たちは、これらの映画作家たちの性的アイデンティティの事実を暴いたり、明らかにしたりし、作家らの映画がどのように彼らのアイデンティティを反映（あるいは隠蔽）するかを分析することが少なくありません。

あなたがセクシュアリティやアイデンティティを通して映画を分析しようとするのなら、手はじめに以下の質問を投げかけてみるとよいでしょう。

- 映画は異性愛的な関係を、直接かつ単純に描写しているか？　それともそれ以外の性的アイデンティティを描くようなナラティブの要素を導入しているか？　いずれの場合でも、映画はセクシュアリティについてどのような言説をしているか？
- 映画が他のセクシュアリティを描いているとして、そうした人びとを社会的倒錯者、滑稽な引き立て役、さもなければ「異常な（アブノーマル）」キャラクターとして示しているか？　それとも完全に充足した人間として描かれているか？

- もしある映画が、手本とし賞賛すべき規範として異性愛を描くことに専念していると思われるとして、それでもなおその規範性の描写を損ねるような微妙なナラティブの、あるいは視覚的な要素をもっていないか？ なにがそうした要素であって、どのように機能するのか？
- 映画において、ジェンダーやセクシュアリティのパフォーマンス的側面は、どのような機能を果たしているか？ ゲイのなよなよした言動はみられるか？ マリファナ吸引は？ それらはたんに笑いをとったり、倒錯とみなされることを意図しているのか？ それとも映画のナラティブを興味深い方向に向けさせるものか？
- のちにゲイ、レズビアン、バイセクシュアル、トランスジェンダー、あるいはその他の一般とは違う性的アイデンティティの持ち主として知られることになる映画作家による映画を鑑賞したとして、そのアイデンティティから生ずる映画の側面はどのようなものか？ また、どのような側面がそのアイデンティティと矛盾すると思われるか？

ポピュラーカルチャーにおいて同性愛の話題がタブーであった時代は、とうに過去のものとなりました。実際、〈同性愛〉という語は、LGBT（レズビアン、ゲイ、バイセクシュアル、トランスジェンダー）という頭字語に取って代わられました。もっとも、この語も、現存する多様なセクシュアリティや表現を完全に包括するわけではありませんが。とまれかくまれ、この話題は白日の下にさらされ、書籍、劇場、音楽、テレビ番組、映画で広く表象されているのです。過去10年において、LGBTの問題をあつかった映画は、ここでぱっとあげたよりも数多く製作されてきましたし、これにはドキュメンタリー映画、前衛映画、アニメ映画が入っていません。こうした映画は、とりわけ家父長的かつ社会的差別、カミングアウトのプロセス、関係する者たち全員の行動や態度といった問題をあつかいます。また、（イギリス、フランス、ドイツ、イスラエル、アラブ諸国、アメリカ合衆国、日本、香港、台湾、韓国、タイ、フィリピン、インドなどの）東西におけるＬＧＢＴの登場人物たちや国々の断面を描きます。もっとも、主眼はゲイ男性におかれていました。（ノンフィクショナルの場合もフィクションの場合も）彼らは普通の男性であり、また政治家であったり（ハーヴェイ・ミルク）、作家であったり（トルーマン・カポーティ）であったり、芸術家であったり（フランシス・ベーコン）、スポーツ選手であったり（グレン・バーク）、セレブであったり（リベラーチェ）します。レズビアンをあつかった映画としては、ローズ・トローシュ監督『ゴー・フィッシュ（*Go Fish*）』（１９９４）、ピーター・ジャクソン監督『乙女の祈り（*Heavenly Creatures*）』（１９９４）、チャールズ・ハーマン＝ワームフェルド監督『*Kissing* ジェシカ（*Kissing Jessica Stein*）』（２００２）、パティ・ジェンキンス監督『モンスター（*Monster*）』（２００３）、リサ・チョロデンコ監督『キッズ・オールライト（*The Kids Are All Right*）』（２００３）、アブデラティフ・ケシシュ監督『アデル、ブルーは熱い色（*Blue Is the Warmest Color*）』（２０１３）などがあります。こうした映画に登場するキャラクターたちは、ありとあらゆる人種、ジェンダー、エスニシティ、宗教、セクシュアリティを表象しています。また、彼らの物語は、それがドラマであれ、メロドラマであれ、実話であれ、虚構であれ、あらゆるジャンルで語られてきたのです。

こうした映画には、幅広い観客層に受け入れられたものもあれば、特定の集団にのみアピールしたものもありました。ですが、セクシュアリティをあつかった映画として誰もが知る映画といえば、ジャン＝マルク・ヴァレ監督『ダラス・バイヤーズクラブ（*Dallas Buyers Club*）』（２０１３）でしょう。この映画は、１９８０年代のエイズ流行時における、ゲイとトランスジェンダーのテキサス人たちの実話に基づく物語です（エイズをあつかった最初の映画は、ジョナサン・デミ監督『フィラデルフィア（*Philadelphia*）』［１９９３］）。映画では、ダラスのゲイたちの風景が生き生きと描かれます。あおる酒、ドラッグの濫用、いきずりのセックス、喧噪に満ちた酒場。しかし、それだけではありません。もっと重要なのは、ＨＩＶウィルスの抗ウィルス剤が開発される以前の悲惨な状況が描かれていることです。この映画は広く公開され、マシュー・マコノヒー（ロン・ウッドルーフ役）がアカデミー主演男優賞を、ジャレッド・レト（レイヨン役）が助演男優賞をそれぞれ受賞しました。

もとは騒々しく荒っぽかったホモ嫌いのウッドルーフは、自分がエイズに罹っていることを知り、治療薬ＡＺＴの輸入と患者たちへの処方に全精力を傾けます。彼は当初、ドラッグ中毒でＨＩＶ陽性のトランスジェンダーであるレイヨンにとげとげしい態度をとりますが、そのレイヨンもやがてウッドルーフとともにバイヤーズクラブ運営に協力します。ウッドルーフとは対照的に快活で思慮深いレイヨンは、映画の途中で亡くなります。字幕の説明で、ウッドルーフも１９９２年に世を去ったことが知らされます。しかし彼は、亡くなる前に、ＦＤＡ（食品医薬品局）に働きかけ、抗ウィルス剤の治験と承認を認めさせるという、大きな役割を果たしたのでした。

この映画について書くうえでむずかしいのは、ストーリーではありません。むしろ、監督のビジョンと主演２人のパフォーマンスなのです。この映画についていうと、最終決定に至るまでにさまざまな監督（そして俳優）の名があがりました。最終的に選ばれたのは、ジャン＝マルク・ヴァレ監督。おそらくは、彼自身の経験に基づく映画『*C.R.A.Z.Y.*』で、ホモ嫌いに立ち向かう若者をとりあげたのがその理由でしょう。キャストもマコノヒーとレトに落ち着くまでに、さまざまな俳優の名が取り沙汰されて興味深い。どちらもその見かけや態度において極端な人物を演じ、それぞれが突出しています。ウッドルーフは仲間を救おうと奮闘する姿が芝居がかってみえるほどですし、レイヨンは、彼が演じる失うものなどない人物に、生彩とユーモア、そして分別をくわえています。どちらの俳優も、エイズで死に瀕している人物らしくみせるために、およそ50ポンド体重を落としました。

ＬＧＢＴの世界は、多様な人びとや行動を包含します。そのなかには、マスメディアによってステレオタイプ化されたものもあります。しかしこの映画の舞台は、ゲイの権利拡大運動が成功を収めるずっと以前という、１９８０年代後半のダラスに限定されています。ＬＧＢＴの世界とその住人たちのことを知れば知るほど、この映画について書くのは容易となることでしょう。

ＬＧＢＴの世界についてあなたの見方がどんなものであれ、ストーリーを語り俳優を演出する監督の見解について、あなたは自分で判断しなければなりません。ダラスの街、住民、医療制度を、監督はどのように描いているか？バイヤーズクラブの運営者や支援者を、倒錯した人物ないしステレオタイプとして描いていないか？　映画で描かれるバイヤーズクラブは、法律の枠外にある人道的な営みなのか？　そしてそのあり方は、あなたの考え方に影響するのか？　次に、主演2人の演技の効果を判定しなければなりません。レイヨン役のレトには、こってりと厚化粧がほどこされています（この映画は、メイクアップ&ヘアスタイリング部門でもアカデミー賞に輝きました）。このことは、レイヨン役のキャラクター解釈に影響するか？　ステレオタイプ的な憎まれ役から精力的な活動家へと変身するマコノヒーには、説得力があるか？　その役どころは真に迫っているか？

◉ジャンル研究

映画研究者はさまざまな基準で映画を分析します。たとえば、特定の美的様式、映画製作者、製作された国や地域、映画に現われたイデオロギー、その映画誕生の背景にある映画潮流、というように。しかし、映画がどのように研究・分析されるかを決定づけた、最も息の長い基準のひとつは、〈ジャンル〉でした。すなわち、映画が語るストーリーとその伝え方によるカテゴリー化のことです。

一般に知られる映画ジャンルとしては、西部劇、ホラー映画、SF、ミュージカル、ギャング映画といったものがあります。とはいえこれだけでは、まったく不完全です。映画産業は、アクション映画、伝記映画、メロドラマ、スリラー、恋愛映画、ロマンティックコメディ、ファンタジー映画、それからなんらかのジャンルやサブジャンルに分類されるその他の多くの映画も製作します。

あなたの論文・レポートが映画のジャンルに注目するにせよそうでないにせよ、どんな映画分析もジャンルを意識することから得られるものがあります。映画ジャンルに関する基本原理と、それらが映画産業や映画研究にどのような意義をもつかを理解すること。そうすれば、たとえ映画分析の対象が他の側面についてであっても、興味深い批評を展開するための一助となるのです。

◎映画ジャンルの誕生

（フランスのヌーベルヴァーグやドグマ95のように）志を同じくする映画作家たちが手を結び、映画の様式やストーリーについて特定のアプローチを生み出した映画運動がありました。映画ジャンルはこれとは違って、（意図的な計画によってではなく、ある観念を掘り下げ表現する文化的な必要性から）有機的に発生する傾向があります。文化的状況が作家らに特定のタイプのストーリーを語るよう働きかけ、その本質が特定の技術的・美的アプローチを促すのです。志を同じくする映画群は積もり積もってゆき、ついには映画研究者によって、発見され、命名され、研究され、解説されるのです。

映画をジャンルで分類することが有益だと感じる映画愛好者は、映画研究者だけではありません。これは自明のことです。観客が映画館でどの映画を観たり、レンタルや購入する映画を選ぶうえで、ジャンルは大きな影響力をもっています。ジャンル映画は映画の黎明期以来、広く流行していました。というのも、一般に信じられていることとは相反するのですが、映画観客の大半は目新しさよりも話の筋を容易に読めることをありがたがるものだからです。あるジャンルの要素がわれわれにアピールすると、われわれは同じ成功の要素を約束する映画を観ることで、愉快な、あるいは魅惑的な映画体験を繰り返そうとします。われわれは、さまざまな映画製作者や役者がおなじみの要素を再構成したり解釈したりするのを見ることで、ある種の快楽を得るのです。またわれわれは、映画製作者や役者がいつものやり方からどのように逸脱するかをも楽しむのです。この関係性を、料理の言葉でたとえてみましょう。最も一般的なピザは、小麦粉ベースの生地にトマトソースとモッツァレラチーズをトッピングしたものです。けれどもピザがアメリカで人気の食べ物のひとつになったのは、このおなじみの土台にいろいろなバラエティが可能性として存在したからなのです。

もうひとつ、それほどわかりやすい説明ではありませんが、ジャンルがかくも広まっている理由として、ジャンルというものがわれわれの社会に深く根ざしていることがあげられます。いかなるジャンルも、ハリウッドがそれに商機を見るから誕生するのではなく、それがわれわれの文化にとって本質的なものに声を与えたからこそ誕生するのです。映画産業は究極的には、特定のジャンルに対するわれわれの愛情を食い物にするかもしれません。でも、そもそもジャンルを生み出すのは、特定のタイプの映画に寄せるわれわれの関心なのです。映画会社のお偉いさんが、なにもないところから（たとえば）「ホラー映画」を作ろうと決めたりしたことなどはありません。ホラー映画が存在するのは、死に対するわれわれの集団的な恐怖とカタルシスを求める人間の心理によるものなのです。西部劇は、アメリカ人がそうと信じずにはおれないようなアメリカについての考え方を、裏打ちするのです。われわれがこうした映画を鑑賞するのは、おなじみのものをよしとするためだけでなく、根本的な信念を補強するためでもあるのです。世界が発展し観客の考え方が変わるにともない、ジャンル映画もそうした文化的転換に順応していきます。なぜばなるという愛国心が沸騰した第二次世界大戦期に製作された西部劇は、ベトナム戦争の真っ最中に製作された西部劇とは、その表現する主題もおのずと異なったものになるでしょう。

◎予測可能性とイノベーション

ひとたびある特定のジャンルが確立したなら、もちろんハリウッドのお偉方は、どのプロジェクトに出資するかを決めるのに、新たに誕生したジャンルを利用します。ジャンルはいったん認知され定義されると、いつも同じストーリーのパターン、慣例、主題、葛藤、それにくわえただちにそれとわかるような視覚的アイコンを提示します。これらすべてが相まって、以前成功したのと同種の映画を製作し販路に乗せる青写真を描くのです。製作会社と配給会社は、ジャンルにふさわしいスターを養成します。次に、特定のジャンルで成功を収めたかどうかで、監督を選びます。それから、そのジャンルで以前ヒットした作品の二番煎じをねらいます。さらには、小道具、セット、衣装、デジタルで作成した背景の再利用さえもします。チケットの売り上げを予想し、前宣伝をし、観客が好みそうな映画を作って最新の流行から収益をあげるために、映画産業はジャンルを頼りにします。この点も同じくらい重要です。言い換えるなら、人びとが望むものを与えよ、さすれば彼らはそれを購わん、ということです。この単純な経済原理によって、1930年以降の映画産業の驚異的な成長が理解されます。それればかりか、映画産業が生み出す映画のあまりに多くが、なぜ耐えがたいほど退屈なのかも理解されます。このように、経済原理によってのみ動機づけられたジャンルの伝統を頑なに守ること。そこから派生的な結果も定型的な結果もしばしば生まれるのです。

ジャンル映画がマンネリになりがちだとしたら、なぜかくも多くの偉大な映画作家がジャンル映画に惹かれるのでしょうか？　この問いかけへの最初の答えは、よりにもよって、ノーベル文学賞詩人T・S・エリオットの言葉に見つかるでしょう。彼はこう述べています。「厳格な枠組みのなかで働くことを強いられるのなら、想像力はその限界にまで働かされ――そしてこれ以上ないほど豊穣なアイディアを生み出すのだ」。エリオットのこの言葉は詩歌について語られたものですが、同じことが映画にも当てはまります。野心的な創作意欲をもつ作家や監督は、ジャンルの伝統の厳格な枠組み内で芸術の創出に挑むことが少なくありません。ジャンルのいわゆる約束事は、映画作家が伝統に敬意を表わしつつも、いつしか変化を生み出す土台となることがある。そうしてできあがったストーリーは、観客の予期するものをある程度満たす一方で、その他の部分では意表をつき、予想をしばしば覆します。実際、ジャンルは欧米の最も偉大な映画作家たちの多くを魅了してきました。その結果、重要にして革新的な映画の正典（キャノン）に数えられる多くの映画が、ジャンル映画となったのです。

ジャンル映画が興味深い分析の機会を数多く提供することは、もはや明らかでしょう。論文・レポートの執筆で、あるジャンル映画やジャンル全体と本気で取り組もうとするのなら、以下の基本原理を心にとめておいてください。

◎ジャンルの慣習

映画のジャンルを定義するのは、慣習の集合です。こうした慣習には、主題、状況、設定、登場人物のタイプ、ストーリーのタイプといったナラティブの側面と、それにくわえて舞台装置、照明、音響といった演出の側面が含まれます。あるジャンルでおなじみの映画スターでさえ、こうした慣習のひとつとみなされます。こうした慣習は強制されたものでないことを、心にとめておきましょう。映画作家は、そのジャンルに押しつけられたチェックリストに従っているわけではありません。どんなジャンルの映画でも、こうした要素を取り込んでいるものですが、そのジャンルで考えられる慣習のすべてを取り入れようとするジャンル映画はほとんどありません。

ストーリーの定型：映画のストーリーが構築されるあり方（プロット）も、その映画がどんなジャンルに属するかを観客が判断する材料となります。たとえば、ハワード・ホーク監督『暗黒街の顔役（*Scarface*）』（1932）からリドリー・スコット監督『アメリカン・ギャングスター（*American Gangster*）』（2007）に至るまで、ギャング映画にはプロット構造を共有する傾向があります。すなわち、恵まれず軽んじられた移民が犯罪組織にくわわる（あるいは形成する）、知謀と非情さでトップに昇りつめる、自分が新たに打ち立てた権力と努力で得たものによって腐敗していく、その挙げ句裏切られたり殺されたり逮捕される、というプロットです。ロマンティックコメディのプロットは、出会って、別れ、よりを戻していく、恋する登場人物たちをめぐって構築されます。最初に出会ったとき、二人の登場人物（通常は男と女）は衝突します。彼らはそのように反りが合わないにもかかわらず（ときにはまさにそれがゆえに）、恋に落ちます。二人は行き違い、恋のライバル、社会的圧力、そしてすでに述べた反りの合わなさを克服しなければなりません。しまいにはこの恋はもううまくいかないと思われるのですが、二人のうちどちらかが互いをかけがえのない存在だと気づき、二人を運命的に結びつけるべく思い切った行動をとるのです。

主題：映画の〈主題〉とは、映画がナラティブやイメージによって表現する統一的な概念です。すべてのジャンルが、単一の主題によって統一されているわけではありません。しかし、西部劇は割合とそのようなものです。ほぼすべての西部劇が、文明と反文明との対立を共有しています。すなわち、入植者、町、学校教師、騎兵隊の駐屯地、文明を代表する保安官。これに対する放牧の牛飼い、インディアン、娼婦、無法者、そしてそれ自体が反文明を演出する広漠たる空間。多くの西部劇の名作に現われる登場人物たちは、この対立の両側に位置します。たとえば、ジョン・フォード監督『荒野の決闘（*My Darling Clementine*）』（１９４６）でヘンリー・フォンダが演じるワイアット・アープは、ガンマンから保安官に転じ、次いでカウボーイに転じ、さらに再び保安官に転じた人物です。彼は無法者ともつきあいますが、東部からやってきた女性教師と恋に落ちます。初期の西部劇は文明と秩序の側に共感する傾向がありましたが、60年代・70年代以降の多くの西部劇は、自由を愛する無法者、カウボーイ、あるいはネイティブアメリカンのヒーローを称揚しています。

ギャング映画は言い古された、しかし明瞭な3つの主題によって形作られています。それぞれ以下のワンフレーズにまとめられます。「貧乏から大金持ちへ」「犯罪は割に合わない」「絶対的な権力は絶対的に腐敗する」。こうした野望に満ちた考え方と倫理的な考え方との緊張によって、主題は複雑さを増します。そしてその複雑さによって、プロの犯罪者をあつかっただけのジャンルから得られるものよりずっと有意義な体験を、観客は得られるのです。

キャラクターのタイプ：脚本家なら大半は個性的な登場人物を創り出そうとするものですが、ジャンル映画に登場するのは特定のキャラクターの〈タイプ〉であるのが普通です。西部劇の主人公なら、自由奔放ながら礼節を心得たカウボーイ、あるいはガンマンから法の番人に転じた人物の形で、秩序と混乱との緊張を体現します。女性キャラクターもこの緊張を体現しますが、（女性教師あるいは娼婦という役柄で）緊張のどちらかの側に立つだけです。

双方の側に立つことは滅多にありません。西部劇のその他のキャラクターとしては、小ずるいギャンブラー、青二才の若造、主人公の相棒、入植者といったものがあげられます。ジョン・フォード監督は西部劇の名作『駅馬車（*Stagecoach*）』（1939）で、こうした西部劇のキャラクターほぼすべてを一台の駅馬車につめ込みました。ホラーやSF映画の敵対者は、必ずといってよいほど「やつ（アザー）」の形態をとっています——主人公（そして観客）とは、姿も態度も行動もまるで異なる存在です。こうした映画に出てくる怪物の多くは、巨大で邪悪な昆虫のようです（敵の姿が異様であればあるほどよい）。「やつ」が実は人間である場合、その他者性を強調するためにマスクをかぶっていることが少なくありません。

セッティング：映画の舞台をどこに置くか、舞台をどのように描くか——〈セッティング〉とも呼ばれるこの問題は、やはりジャンルの慣習のひとつです。西部劇のセットが通常アメリカ西部に置かれるのはもちろんですが、セットは地理的制約に縛られません。西部劇の名作はおおむね、南北戦争の退役軍人や東部から逃れてきた者たちが、土地や金鉱や家畜売買を求めたことで西部の人口が急増した開拓期、すなわち1880年代と90年代を舞台としています。実在のモニュメント・バレーは、西部劇を連想させる風景となりました。この地でなにか歴史的な事件が起きたからではありません。西部劇を量産したジョン・フォード監督お気に入りのロケ地だったからです。SF映画は空想に基づくものであり、それゆえに過去を振り返るよりも先を見据えるものですから、舞台は未来に設定されるのが普通です。ときに宇宙、ときに未来の地球上の都市、ときに世界の終末後の廃墟に設定されもしますが、必ずといってよいほど科学技術からの大きな影響をこうむった時代や場所が選ばれます。ギャング映画はほぼ例外なく都会に舞台が設定されますが、ホラー映画では（農場、人影もまばらなキャンプ場、田舎の小さな村落といった）孤立した場所——まわりを取り囲まれた主人公たちが、なんの助けも得られない場所——が好まれます。

プレゼンテーション／アイコニック・イメージャリ：多くのジャンルは、トーンや雰囲気を伝え、視聴者がジャンルを連想しやすくなるような映画言語の要素を用います。

ホラー映画なら、陰影を強調する照明テクニックを活用します。そうして生まれる闇は無気味な雰囲気を作り出すのに役立ちますが、ホラー映画はただ暗いだけではありません。映画作家は輪郭のくっきりした影を主要な構成要素として用い、抑圧感を伝え、空間の感覚を歪め、ナラティブな情報を隠そうとするのです。フィルム・ノアールも、（まったく別の主題的理由とナラティブ上の理由によるのですが）観客を惑わせ、不安感を抱くように仕向けるジャンルですが、同様の照明テクニックを多用します。

西部劇はあきらかにセッティングに依存するジャンルですが、登場人物たちを舞台になじむよう配置する屋外ショットが非常に多用されます。大半の映画では被写体としての人間がフレームの中心を占めるものですが、こうした西部劇の屋外ショットでは、「文明化された」登場人物たちが、彼らを取り巻く圧倒的な荒野の広がりによって矮小化されるよう構成されます。

アクション・ジャンルの映画では、戦闘（およびその他のダイナミックなアクション）シーンが、さまざまなアングルから撮影されることがしばしばです。これは、アクションを絶えずシフトする視点から捉える、テンポの速い編集スタイルを実現するためです。そのように細分化されたシークエンスによって、スクリーン上で戦う登場人物たちの体験はいや増し、その矢継ぎ早に繰り出される映画的刺激に観客はさらされるのです。

こうしたアイコニック・イメージャリは、特定のジャンルに深くからんでいる場合が少なくありません。そのため、映画作家がこうしたイメージをあとで借用し、そのことをジョークのネタにしたり、オリジナルのジャンルやそのアイコニック・イメージャリを先駆的に用いた映画作家に対しきちんとリスペクトしたりするほどです。

スター：俳優さえも、ジャンルがどのように分類・分析されたり、観客にどう受け止められたりするかを決定づける一要因となり得ます。1930年代と40年代には、俳優は長期にわたる映画会社との契約に縛られていました。映画会社が俳優の役柄を選んだので、その役柄に合わせて「割り振られる」のが普通であり、映画会社が押しつけた特定のジャンルに俳優は結びつけられたのでした。ですから、ジョン・ウェインは西部劇、エドワード・G・ロビンソンならギャング映画、ボリス・カーロフならホラー映画といった具合にジャンルと結びつけられていたのです。現代では、大半の俳優はひとつのジャンルに結びつけられることを嫌がります。とはいえ、現代の俳優のなかには、アクション映画と結びつくことでスターとなった者もいます。アーノルド・シュワルツェネッガー、チャック・ノリス、スティーブン・セーガルは、その演技力よりも、アクション映画というジャンルが彼らの肉体的存在感、マッチョな人格を評価したおかげでスターとなりました。このジャンルのスターの演技がまずい、という意味ではありません。実のところ、あるジャンルでスターになった俳優は、そのジャンル外での演技によって注目と賞賛を集めることが少なくありません。たとえば、ビル・マーレイは突飛なコメディでスターになりましたが、ソフィア・コッポラ監督『ロスト・イン・トランスレーション（*Lost in Translation*）』（2003）やジム・ジャームッシュ監督『ブロークン・フラワーズ（*Broken Flowers*）』（2005）での繊細な演技によって、批評家の絶賛を浴びたのでした。

◎ジャンルの進化

主要な映画ジャンルが発展するにともない、その枠内で活動する映画作家たちは、ジャンルの歴史と慣習をさらに意識するようになりました。こうした展開は、先行する映画に対する短い言及やリスペクトといった何気ない部分に見て取れます。例としては、アルフレッド・ヒッチコック監督『サイコ（*Psycho*）』（1960）やジョン・カーペンター監督『ハロウィーン（*Halloween*）』（1978）といったホラー映画の名作、そしてホラーというジャンルそのものを意識的に模倣した、ウェス・クレイヴン監督『スクリーム（*Scream*）』（1996）があります。

ジャンル変形のプロセスは、新しいジャンルを発生させるプロセスと同じくらい有機的なものです。現在のジャンルは時代とともに変化し、観客の期待に適応していきます。一方、観客の期待も多くの（技術的、文化的、社会的、政治的、経済的などの）要因に影響されます。むろん、進化しようとしないジャンルは、観客の関心をたちまち失い、消えていきます。

そして、新しいジャンルが次々に生まれいくのはもちろんのことです。たとえば、いわゆるマーベル・シネマティック・ユニバースの17作品（現時点での作品数）のような大ヒット映画シリーズや、ワーナーの「DCシネマティック・ユニバース」の5作品（今も増加中）は、どれもみなスーパーヒーローものです。この新興ジャンルは、リチャード・ドナー監督『スーパーマン（*Superman*）』（1978）を嚆矢とし、どんどん濃密で、特殊効果にこだわったものになってきました。同じ流れで、複数のジャンルを組み合わせたハイブリッドを生み出したものもあります。たとえば、『トワイライト（*Twilight*）』シリーズのようなホラー・ロマンスや、『スクリーム』『ショーン・オブ・ザ・デッド（*Shaun of the Dead*）』『キャビン（*The Cabin in the Woods*）』といったホラー・コメディ。『LEGO ムービー（*The LEGO Movie*）』やクエンティン・タランティーノ監督『キル・ビル（*Kill Bill*）』といったハイブリッド作品は、さまざまな先行作品への言及やその特徴を独創的に融合したものであり、安易なジャンルの分類を超越しています。

いかなるジャンル映画を研究する場合でも、革新性と慣習性の比率、ジャンルの要素の表現、歴史的・文化的瞬間の反映の仕方、ジャンルとしての自己主張の程度といったことがらに敏感でありたいものです。以下の質問を、分析の出発点とするとよいでしょう。

- 分析中の映画は、特定のジャンルに収まると思えるか？ そうだとすれば、どのように？
- その映画はジャンルについてあなたが期待するものを満たしているか？ それともジャンルのこれまでの慣習に反するものか？ いずれの場合も、どのように？
- そのジャンルの慣習のうち、映画が最も重点をおくものはなにか？ 主題か？ キャラクターのタイプか？

セッティングか？　アイコニック・イメージャリか？　そのジャンルで有名な俳優をキャスティングすることか？

- そのジャンルの慣習のうち、映画が過小にあつかっていたり無視していたりするものはなにか？
- 同じジャンルに属しながらも製作年代が異なる2つの映画を鑑賞してみよう。どのような違いが観察されるか？　両者の年代間におけるジャンルの進化について、そうした違いはなにを示唆するだろうか？
- 映画がこれといったジャンルに属さないと思われたとして、それでもやはりその映画は他のジャンルの要素を借用したりブレンドしていたりしないか？　そうであれば、それらの要素をどのように用いているか？この借用やブレンドの目的はなにか？

◉歴史的分析

わずか百年あまりの歳月のうちに映画は、（建築、小説、詩歌、演劇、舞踊、絵画、音楽といった）先行する古典的芸術様式と同様に、独自の美学、慣習、影響、そしてもちろん歴史を育んできました。概していうなら、映画の歴史は写真を使った初期の実験にはじまり、１８９０年代初めの映画の発明を経て、その後現在にまで至る映画の様式・財政・技術・社会的発展を辿ってきました。

その軌跡の幅と深さを知りたければ、全10巻からなる『アメリカ映画の歴史（*History of American Cinema*）』シリーズ（カリフォルニア大学出版局）といった映画の総史にざっと目を通すとよいでしょう。こうした総史が書かれるには、長い歳月を要し、また多くの人びとの努力を要することがしばしばです。そのため、たいていの映画史家はそんな途方もない仕事に手をつけようとはしません。映画史を研究する大半の者は、限定された時期、運動、現象の研究に力を注ぎます。たとえば、ジニーン・ベイシンガー著『スター・マシーン（*The Star Machine*）』（New York:

Knopf, 2007）は、非常に限定された時期（いわゆる「黄金時代」）のハリウッドのスタジオシステムと、それがいかにしてスターを生み出していったかを、みごとに説明しています。C・S・タシロ著『プリティ・ピクチャーズ――プロダクションデザイン（*Pretty Pictures: Production Design and the History of Film*）』（Austin: University of Texas Press, 1998）は、その対象範囲を映画製作の一面――プロダクションデザイン――に絞っています（もっとも、プロダクションデザインは、映画の歴史全体にかかわるものなのですが）。こうした研究やこれらに類した研究では、映画史家は変化（映画史の流れを変えた現象）にも、安定性（変化を拒む側面）にも、ひとしく関心を寄せます。

映画史家は、他の歴史家と同様に、人工品によって過去を研究します。そうした人工品には、（カメラ、プロジェクター、録音機材などの）さまざまな機器やその他の科学技術があります。こうしたモノなしには、映画は成立しなかったでしょう。他にもストーリー会議でのメモ、台本、製作日誌、スケッチ、ボツになったフィルム、その他ある映画の製作に関したモノも含めてもよいかもしれません。とはいえ、映画史家にとって最も重要な人工品とは映画そのものです。

映画の歴史は、科学技術史、映画を製作する人びとと産業組織、一国の映画を他国の映画と差別化する国民映画、映画を抑制・検閲しようとする試み、すぐれた映画から得られる意味と快楽といったものまでも包含します。映画史のこうした側面について知識を得るのは、それ自体楽しくも興味深いことであります。しかし、ただ映画を観るだけという状態から卒業し、映画を批判的に鑑賞するようになると、映画史の知識から、過去と現在の映画のユニークな特性を理解・評価する視点とコンテクストも得られるようになるのです。

◎映画史への基本的アプローチ

映画史研究（これには製作、規制、受容の研究も含まれる）へのアプローチは数多いのですが、初学者は次の４つのアプローチを学ぶとよいでしょう。すなわち、美学的アプローチ、技術的アプローチ、経済的アプローチ、社会的アプローチです。以下、それぞれのアプローチを解説し、実例として1、2の研究をとりあげていきます。

美学的アプローチ

ときに「傑作へのアプローチ」とか「巨匠へのアプローチ」とも呼ばれるこのアプローチは、芸術的意義や影響力をはかる基準で個々の映画、さらには監督までも評価します。このアプローチをとる映画史家は、まず自分の芸術的基準を明確にし、続いて以下の疑問に答えようとします。映画芸術として重要な作品とはなにか？　重要な監督は誰か？　なぜそうした映画や監督が重要なのか？　美学的アプローチをとる研究者も、映画史の経済的、技術的、文化的側面を無視するわけでは必ずしもありません――実際、多くの傑作映画は、こうした要因の検討抜きに語ることはできません――それでもなお、彼ら研究者は、ただ芸術作品とされるだけでなく、傑作として広く認められた映画を中心に、関心を寄せているのです。美学的アプローチをとった、最も包括的で、世界の映画をあつかった一冊として、デビッド・A・クック著『ナラティブ映画の歴史（*A History of Narrative Film*）』（New York: Norton, 2015）があげられます。

作家主義：美学的アプローチのカテゴリーのなかに、〈作家主義〉と呼ばれるものがあります。この考え方では、映画監督を〈作家〉とみなします。通常この考え方を適用すると、ある監督の作品全体をその様式に基づいて評価したり、監督スタイルに基づいて監督たちを分類する、といった形をとります。たとえば、ある映画を「ヒッチコック」（あるいは「タランティーノ」でもよいのですが）作品たらしめているものはなにかを理解する際に、作家主義批評は有用な手段となります。ある監督が作家とみなされるには、相当数の映画を作っていなければなりません。程度の差こそあれ、作家主義者たちは、映画監督の様式が小説家の様式と同じくらい特異なものであり得る（あるいは、このアプローチの主要な論客のひとりアレクサンドル・アストリュックによるなら、特異なものであるべし）と確信しています。

監督が幻視者（ビジョナリー）、すなわちある映画を形作る人物であるとすれば、映画様式とはその「作家」を鑑定するDNAなのです。

映画作品における作家の存在という考え方は、ずっと議論されてきました。作品の一貫性は一個人のビジョンに依存すると論じる批評家がいる一方で、対立する陣営の批評家は、われわれが正当に取り組めるのは作品の構造であって、作品を創り上げた人物ではない、と確信しています。

ことをもっとややこしくしているのは、映画が共同作業によるメディアだという事実です。大切なのは、ひとりの人物が作品をコントロールできるわけでないことを理解すること。撮影監督、脚本家（しばしば複数います）、衣装担当、メーク担当、映画会社の社長――これらの人びとがみな、映画の完成にかかわっているからです。

それでもやはり、同一の監督（あるいはプロデューサーやスター）による映画に共通する主題や美学的な判断を理解するうえで、作家主義批評は広くおこなわれていますし、また有用でもあります。しかしながら、最もすぐれた作家主義批評はその他の情報源にも依存していることを、心にとめておいてください。たとえば、映画史や形式分析といったものにです。そうすることで、批評は作家の個人生活や気質のたんなる検証以上のものとなるのです。作家主義アプローチのすぐれた例として、ジェームス・ネアモア著『キューブリック論（*On Kubrick*）』（London: BFI, 2007）があります。

技術的アプローチ

あらゆる芸術形態には、技術の歴史があります。それは、媒体の性質に影響した素材や技法の発展を物語るものです。とはいえすべての芸術のなかで、科学技術（テクノロジー）に飛び抜けて依存度が高いのは、映画と思われます。映画技術の歴史を研究する史家は、おのおのの技術的進歩をとりまく状況と、その後の技術の改良を検討します。彼らは次のような問題を提起します。発明時期はいつか？　いかなる（美学的、経済的、社会的）状況においてその発明は生まれたのか？　その発明はまったく新しいアイディアによるものか、それとも既存の技術に関連したものか？　監督、映画会社、配給会社、劇場、観客にどのような結果をもたらしたか？　主だった進歩（音声の導入、可動式カメラ、カラー化、デジタル撮影など）を研究することで、映画製作がどのように変化していったかが明らかにされます。また、その変化が（ワイドスクリーンのように）重要であったのかや、（スメロビジョンのように）一時的なものにすぎなかったかを評価します。

映画史のその他の側面との関連で技術史を探ったすぐれた研究例として、デビッド・ボードウェル、ジャネット・スタイガー、クリスティン・トンプソン著『ハリウッド名作映画――１９６０年までの映画研究と生産様式（*The Classical Hollywood Cinema: Film Study and Mode of Production to1960*）』（New York: Columbia University Press, 1985）があげられます。具体的な技術をあつかった研究例としてすぐれているのは、ジョン・ベルトン著『ワイドスクリーン・シネマ（*Widescreen Cinema*）』（Cambridge, Mass.: Harvard University Press, 1992）です。

経済的アプローチ

映画産業はグローバル経済の主要な部分を占めています。これまでに公開された映画にはすべて、それ自体の経済的な歴史がありますし、製作した映画会社、時代、国家の経済史においてもある位置を占めています。スタジオシステムがどのように、どんな理由で創設されたか。転変やまない（経済的、技術的、社会的、歴史的）状況にどのように適応していったか。さまざまな映画会社がさまざまな方法で多様な映画を製作した理由はなにか。こうした映画はどのように配給・上映されたか。こうした経済史が映画史にどのような影響を与えたか。経済的アプローチに関心を寄せる史家は、こうしたことがらを理解する手助けをしてくれます。さらに彼らは、独立系プロダクションシステムがどのようにしてスタジオシステムに取って代わったか、またこのことが製作・配給・上映にどのような影響を与えたかも研究します。以上にくわえ、経営と組織、会計とマーケティング戦略、検閲と規制システムといった関連問題にも関心を抱いています。すぐれた研究例としては、ダグラス・ゴメリー著『ハリウッド・スタジオシステム――歴史的経緯（*The Hollywood Studio System; A History*）』（London: BFI, 2005）や、ジョエル・W・フィンラー著『ハリウッド物語（*The Hollywood Story*）第3版』（London: Wallflower, 2003）、ティノ・ベーリオ著『偉大なる構想――現代のビジネス帝国としてのハリウッド（*Grand Design: Hollywood as a Modern Business Enterprise, 1930-1939, History of the American Cinema series, vol. 5*）』（Berkley: University of California Press, 1995）があります。

社会史としての映画

社会と文化は映画に影響を与え、その逆もまた真なり。それゆえに、映画は社会の研究に豊富な材料を提供してくれます。社会史としての映画について書くことは、ジャーナリスト、研究者、学生らの主要な関心事であり続けています。歴史家のイアン・ジャーヴィーは、こうした研究に取り組むうえで、以下の基本的な疑問を問うことになる、と語っています。誰が映画を作り、その動機はなにか？　誰が映画を、どのように、どんな理由で観るのか？　映画は誰によって、どのように、どんな理由で評価されるのか？　さらに、社会史に関心をもつ者たちは、宗教、政治、文化的流行、禁忌（タブー）といった要因を考察し、ある映画がどの程度世論や社会変化に影響したかを考究します。

こうした社会史家は、観客の構成、マーケティング、ゴシップ誌から研究書に至るまであらゆるメディアに現われる批評にも、関心を寄せています。総じていうなら、社会的慣行としての映画と、その他の社会的慣行、たとえば政治、宗教、労働との複雑な相互作用を、彼らは研究するのです。記念碑的研究としては、ロバート・スクラー著『映画がアメリカを作った――アメリカ映画の文化史（*Movie Made America: A Cultural History of American Movies*）改訂新版』（New York: Vintage, 1994）や、リチャード・アベル著『映画のアメリカ化と「映画狂」の観客たち（*Americanizing the Movies and "Movie-Mad" Audiences, 1910-1914*）』（Berkley: University of California Press, 2006）があります。

以下に、あなたの映画分析（その映画の主題やアプローチがなんであれ）を、歴史をより意識したものにする方法をあげておきます。

- ある映画（または映画作家、スタイル、ムーブメント）を研究する際には、その歴史的文脈についてできるだけ知ること。すなわち、映画の製作・公開年。製作された国。その年代が当の国家の歴史に関連があるとすれば、その理由。その年代の出来事を映画があつかっているとしたら、その方法。製作の主体（たとえば、映画会社か、独立系か、政府支援によるものか）。対象とされる観客。一般の観客と批評家からの評価。こうしたおおまかな文脈で、映画をできるだけ精密に識別・分類しましょう。
- また、その映画の美学的背景についても調べること。映画は特定のムーブメント（例：イタリアのネオリアリズモ）の一作品として製作されたのか。それとも当時の伝統から脱却したものか。もしあるムーブメントを代表するものであるとしたら、そのムーブメントの理念や功績にどれだけ適ったものか。独自の美的・政治的・文化的価値をもつ「国民映画」の一作品か。
- 監督の作品全体についてある程度調べておくこと。その監督は作家と目されているか。もしそうなら、同じ監督のその他の作品とどのように類似・相違しているか。その監督の作品をたくさん観る時間がないなら、最も有名な作品と比較するのでもよい。
- 同様に、あるジャンルの歴史的文脈における独創的な作家の来歴を調べてみること。アニメ史における宮崎駿監督のアニメスタイル、プレストン・スタージェスによる1930年代のスクリューボール・コメディの脚本、デヴィッド・リーン監督の歴史物映画におけるフレディ・ヤングの撮影法、時代物映画におけるアン・ロスの衣装デザインへのアプローチ、フランシス・フォード・コッポラ監督の映画におけるウォルター・マーチの音響デザイン、D・W・グリフィス監督『国民の創生』（1915）からアンソニー・ミンゲラ監督『コールドマウンテン（*Cold Mountain*）』（2003）に至るまでの、南北戦争をあつかった映画群のプロダクションデザインといったものはどうでしょうか。

- 映画がある時代や歴史的事件（例：大恐慌、ベトナム戦争、ローマ帝国の興亡）に触発されたものであれば、それらの映画的解釈を分析・理解する豊かな機会を得られます。まず、その歴史的事件の複雑さを理解せねばなりません。それには、さまざまな歴史家がその出来事をどうあつかってきたか、メモをとる必要があります。言い換えると、あらゆる歴史的記述とはそれ自体が解釈にすぎないことを知るよう努めねばなりません。メモをとることで、事件に触発された映画の意図、徹底ぶり、有効性を見きわめる枠組みが設定できます。
- ある映画が映画言語やテクノロジーの用法に重要な新機軸をもたらしたと気づきましたか。もしそうなら、その新機軸とはなにか。そうした新機軸を主に担ったのは誰（例：監督、音響デザイナー、撮影監督）か。それは映画史における束の間の現象にすぎないのか、それとも映画技法や映画言語の一部として定着したのか。
- 分析中の映画がハリウッドの映画会社の作品であるならば、自社の映画の大半に統一的なスタイルがあるのか、それとも監督たちは多様なスタイルを用いるよう奨励されているのかを、考えてみましょう。前者であれば、分析中の映画はどれだけそのスタイルを醸し出しているのか。後者であれば、その映画はどのように独自なのか。また、その映画は後続の映画製作に影響しているか。
- 映画の「受容」は、その形式と同じくらい興味深いものとなり得ます。『風と共に去りぬ（*Gone with the Wind*）』（１９３９）のように、たちまち成功を収め、公開以来ずっとオーディエンスからの変わらぬ人気を誇っている映画があります。他方、『狩人の夜（*The Night of the Hunter*）』（１９５５）のように、公開当時は不評でありながら、時とともに評価や人気が高まった映画もあります。どんな映画を分析するにせよ、その受容の経緯をある程度知っておきたいものです。当初のレビューと観客の反応、観客動員数、公開後の「口コミ」（またはその有無）、長い目で見た映画の批評や世評を検討しましょう。

ほぼすべての映画論文・レポートが、歴史上の事実や言及を取り入れるものです。たとえ課題が形式分析を求めている場合でも、歴史的視点を頭の隅に置いておけば、書いているものを豊かにできます。典型的な映画論文・レポートとは、映画の形式を探求し解説するものです。それにはある程度理論を用いたり、映画を通じて文化的な問題を検討しようとしたりすることもあるでしょう。しかし、映画史も（教師がそれを究めるよう勧めるならば）、豊かな情報源となります。それは、論文・レポートを深い関心と苦心が結実したものへと変え得るものです。

さて、ここまでわれわれは、多岐にわたる映画研究の領域を概観し、映画研究者が著作に取り込むさまざまなツールや関心事を論じてきました。いよいよ映画関連の科目でアカデミックな論文・レポートを書く〈プロセス〉を検討する番です。後に続く章では、映画関連の科目だけでなく、他の科目でも活用できるよきアドバイスが紹介されています。そうした戦略について読み、また実践するにあたっては、どの戦略が自分にとって最も効果的か、そして自分が書くものすべてにおいて、どの戦略がより広範に利用できるか、注意を払ってください。

第❷部

どのような
プロセスで書くのか

Part 2: The Writing Process

第5章 アイディアを生み出す

5 Generating Ideas

映画について書くことにはいろいろな意味で、他のどんな主題について書くこととも共通するものがあります。テーマを選び、アイディアを生み、テーマについて調べ、主題を練り、議論を組み立て、適切な論調を見つけなければならないからです。しかし、こうした一般的な作業のひとつひとつにおいても、映画研究に特有な作業をこなすことが求められるのです。たとえば、映画を批判的かつ分析的な視点（先行する3つの章が参考になるでしょう）で検討しなければなりませんし、専門用語を適切に使えるようにならなければなりません。また、研究のリソースの効率的な使い方を熟知しておかなければなりません。次節では、一般的なアドバイスと映画研究ならではの提案とをあわせて述べていきます。そのねらいは、あなたがよい論文・レポートを書く手助けをすることです。

◉アイディアを生む

自分で選んだ映画にせよ課題として観ることになった映画にせよ、観ているうちに書くに値するアイディアを思いつくのが普通です。でも、何度か繰り返して観たのに、掘り下げるに値すると感じられるものが見つからなかったとしたら、どうします？　あるいは、せっかくアイディアが浮かんだのに、それをどうやって発展させたらよいかわからないとしたら？　いずれの場合でも、以下に記すアイディア生成の戦略のどれかを試してみるとよいでしょう。

◎その映画の話をしてみる

映画の鑑賞後、映画館をあとにすると、われわれはすぐにその映画の話をするものです。こうしたおしゃべりが、新たに興味深い仕方でその映画について考えるきっかけになることがしばしばあります。とはいっても、友だちとのこうしたおしゃべりは——往々にしてとりとめもなく、独断的で、知的というよりは情緒的——学術研究のとっかかり程度にすぎないかもしれません。この点には注意が必要です。だとしても、友だちと話してみることは、意見の違いを探り、自分の見解を明確化し補強するのに役立ちます。

◎ブレインストーミング

アイディアを生み出す方法のひとつに、ブレインストーミングがあります。主題について自分が知っていることを明確にできるので、ブレインストーミングは役に立ちます。ブレインストーミングによって、自分がわかっていないことも見えてきますし、そこからさらに読んだり考えたりするよう促されるのです。

いま仮に、アン・リー監督『ブロークバック・マウンテン（*Brokeback Mountain*）』（２００５）についてのレポートを書くために、ブレインストーミングしようと決めたとしましょう。すると、次のようなリストができあがることでしょう。

『ブロークバック・マウンテン』

- その主題について賛否両論
- 撮影が美しい

- 孤独感がただよう
- いくつかの点ではきわめて慣習的
- 西部を広々と描いている
- 会話は最小限、西部ものとしては典型的
- 悲恋話のプロット構造をもつ
- 女性を無力なものとして描く
- アカデミー賞では監督賞を受賞したが作品賞はのがす

このリストが示すように、〈ブレインストーミング〉とは、自分の主題に関するアイディアをできるだけ手早く書きとめていくという、形式にとらわれない戦略です。アイディア間にはつながりがなくてもかまいません（とはいえ、つながりを探すことでレポートのテーマが生まれることもあります）。たとえば、『ブロークバック・マウンテン』は、たいていの人が考えているよりも慣習的な映画だと論じるレポートを書こうと思うかもしれません。また、映画の空間や沈黙が登場人物たちの深い孤独を伝えるうえでどのように寄与しているかを書こうと思うかもしれません。執筆のいかなる時点でも中断し、ブレインストーミングをすることができます。行きづまったとか、議論の隙間を埋めなければならないと感じたら、そうしてください。要は、ブレインストーミングをする際には、構成や文法や文体を気にすることなく自分のテーマをのびのびと探究することです。そうするなかで、レポート（あるいは段落や脚註）のアイディアが邪魔されることなく広がっていくのです。

◎フリーライティング

フリーライティング（思いつくことを自由に書くこと）。これは、アイディアを発展させる手早くて形式にとらわれ

ない方法だという点で、ブレインストーミングに似ています。しかし、ブレインストーミングがほとんどの場合アイディアのリストの作成をともなうのに対し、フリーライティングではアイディアについて記述し詳細に述べることが求められます。とはいえ、統語や文法にはそれほど注意を払わなくてもかまいません。このようにしてフリーライティングは、アイディアを思いつくのに行きづまったときにあなたを「解放」してくれたりします。

以下に一例を示しましょう（このフリーライティングは書き手の目にだけふれるものであって、あまり形式にとらわれていない――綴りや文法、句読点の誤りはそのまま――ことに注意してください）。

オーケー、『地獄の黙示録』を観終わったぞ、それで、ええっと、この映画のレポートを書かなくっちゃ、だけどなにを書けばいいのかさっぱりわからない。この映画は言葉と関係ないところで衝撃的だったんだよな、でもやっぱりなにか思いつかないと。なにからはじめようか？　たぶんはじめっからがいいんだろな。だって、最初のシーンからコッポラは観る者をわしづかみにして引き込むんだもの、ベトナムにだけじゃなく、主人公のウィラードの心のなかに。つまり、出だしから全部狂ってるんだよ――ウィラードは狂ってるし、ベトナムも狂ってるし、この2つの狂気はどこか一緒なんだ、一方がもう一方の狂気を引き起こすという狂気の悪循環。コッポラはどうやってこれを？　うーん、どうやら音響のミキシングにすごく関係がありそうだぞ。まずドアーズの名曲「ジ・エンド」、これって終末的だし、60年代がどんだけ狂ってるかわかるよな。それで、ホテルの部屋にウィラードがいて、この曲がかかっていて、ハノイの暑いホテルの部屋でウィラードが汗をかき、正気を失いつつあるのがわかる、それから天井の扇風機が恐ろしげな音を立てて回っているのが聞こえる。するとヘリコプターの音や戦火の音とともに扇風機はぼやけていく。外部の音と内部の音が全部、互いに混じり合っていくように感じるだろう。それから狂気のピークに達したウィラードがホテルの部屋をめちゃくちゃにし、鏡を割って、シーツに血を滴らせ、叫び声をあげるが、その声は聞こえない。いいね。ウィラードは崩壊していくんだが、その叫びは聞こえない。他の物音は聞こえるのに、彼の叫びは聞こえない。コッポラはなんでこんなふうにしたんだろ？　冒頭シーンの音響の編集についてもっと考えてみたほうがよさそうだ、そのことと、内部と外部の狂気を示すのにコッポラがどのように音響を用いたかについて、レポートが書けそうかな？　うーん、これってなかなかいけそうだよ。必要なのはボタンを押すこと、そうすりゃアイディアがポンポン出てきたもんな。ただ座ってなにも映っていないスクリーンを見てるより、ずっと楽しいぞ。

◎ディスカバリードラフト

アイディアを思いつき発展させる戦略として、他にはディスカバリードラフト（「ディスドラ」と略しておきます）があります。ディスドラは当面の間、構成やアイディアの発展については気にかけず自由に書いてよいという点で、フリーライティングに似ています。統語や文体のことも忘れてよろしい。しかしながら、ディスドラを書くことは、ひとつのアイディアやさまざまなアイディアのかたまりに意識的に焦点を当てる点で、フリーライティングとは異なります。言い換えるなら、ディスドラとはやるべきことがはっきりしているフリーライティングのようなものです。やるべきことがはっきりしているから、ディスドラはフリーライティングよりも構造化され、整った文章でかなり理路整然と書かれる傾向があります。

ディスドラとは、自分のレポートについて想像上の友だち宛てに書いた手紙のようなもの。いま仮に映画『メメント（*Memento*）』（２０００）を観終えたところだとしましょう。まずは友だちのために、映画とそれが提起する諸問題を要約しようとします。次に、その映画について疑問を提起します。いくつかの点で映画の製作者に挑みたくなるかもしれません。何度も繰り返される問題や矛盾に気づくかもしれません。説得力のない部分を指摘することもできるでしょう。主題について混乱があれば、それを示したり解決したりもすることでしょう。ディスドラを書いているうちに、「あ、そうか！」と思う瞬間があるかもしれません。そんなときはまだ気づいてなかったなにかに気づいたのであり、書くのを中断してそれを掘り下げましょう。

ある意味では、「あ、そうか！」と思う瞬間こそがディスドラのポイントなのです。ディスドラを書いていると、思考がテーマに集中します。自分が抱いた疑問や観察に言葉を与えているのです。この過程で、頭はほぼ必ずなにか新しいことに遭遇します――つまり、〈発見〉するのです。この発見から、論文・レポートがスタートすることが多いのです。

ディスドラを書くには、フリーライティングのときよりも形式を意識しましょう。必ず完全な文、正確な文法を用い、論理的な思考の流れにしたがいます。とはいえ、それでもやはり、教授に提出するレポートほど形式にとらわれなくてもよい。くだけた口語を使い、言いたいことをそれほど強く述べたりはしません（というのも、ディスドラを書いているときは、自分のアイディアを明確にしようとしていることがまだまだ少なくないからです）。また、フリーライティングで浮かんだアイディアを使うこともよくあります。フリーライティングは、論文・レポートに役立つアイディアを見つける手助けをしてくれます。これに対しディスドラは、そのアイディアがどのように役立つか、またそのアイディアに関してなにを述べるかを考える手助けをしてくれます。フリーライティングとディスドラにきちんと時間をかける学生は、しっかりとした論文への道を順調に進んでいくのです。

◎5W1H

ジャーナリズムは、テーマを生み出すうえでおそらく最もシンプルで最もよく知られる方法を編み出しました。すなわち、誰が（Who）、なにを（What）、いつ（When）、どこで（Where）、なぜ（Why）、いかに（How）といった疑問を投げかけてみることです。こうした疑問のうち、はじめのほうの疑問に答えるのはそんなにむずかしくなさそうに思えます（少なくとも〈なぜ〉と〈いかに〉に至るまでは）。そこからが骨の折れるものになるのです。

さてもう一度、この方法を使って、フランシス・フォード・コッポラ監督『地獄の黙示録（*Apocalypse Now*）』（1979）

のレポートのために、アイディアを生み出してみましょう。

『地獄の黙示録』を鑑賞しているうちに、コッポラのボイスオーバーの使い方に関心をもったとします。掘り下げるべきテーマは見つかっているわけです。それでは質問をはじめることにしましょう。

- コッポラがボイスオーバーを映画の**どこで（Where）**使っているか（シーンを記録すること）？
- ボイスオーバーの最中に話しているのは**誰か（Who）**？
- こうしたときに**なにが（What）**起こっているか（行為を要約すること）？
- ボイスオーバーは**いかに（How）**用いられているか（分析せよ。例：コッポラは物語が混乱に陥ると秩序を回復させるためにボイスオーバーを使うのではないか）？
- ボイスオーバーが最も効果を発揮するのは**いつ（When）**か（その効果を評価せよ。例：秩序は本当に回復しているか）？
- 映画は**なぜ（Why）**最後のボイスオーバーによるコメントで終わるのか？　なぜ映画は沈黙のうちに終わるのか？

これらは大雑把な質問です。本物の論文・レポートがスタートするのは、まさしく〈なぜ〉という疑問に答えるのに苦心しているときなのです。あまりに簡単に答えがでるようなら、いつもと同じ次元にいるのであり、したがって興味深いことはなにも言っていないおそれがあります。混乱に味を占めるようになりたいものです。そこから混乱を解消する方法を探りましょう。はじめのうちは戸惑うような疑問を抱くこと、そうしてはじめて本物の執筆がはじまるのです。

◎タグミーミックス

タグミーミックス（tagmemics）とは、ひとつの対象を３つの異なる観点から眺めることを可能にする方法です。こうした視点のひとつ（あるいは３つ全部のこともある）によって、書く主題が決まります。物理学者が光について考察する方法で喩えるなら、タグミーミックスは自分のテーマを次のように眺めることを意味します。

- 粒子として（そのもの自体として）
- 波動として（時間とともに変化するものとして）
- 場の一部として（状況におけるものとして）

いま仮に、クーパーとシェードザックの共同監督作品『キングコング（*King Kong*）』（１９３３）について、レポートを書こうとしたとしましょう。アイディアを生み出す手段としてタグミーミックスを用いるなら、『キングコング』をまずはそのもの自体として検討することからはじめるでしょう。言い換えるなら、こういうことです。この１９３３年の映画のどんなところが注意に値するだろうか？

次に、この映画が時間とともにどう変化したかを検討します。当時この映画はどのように受け止められたか？　その受け止め方を、現在の評価と比較したならどうであろうか？　ピーター・ジャクソン監督によるリメイク版（２００５）も検討してみましょう。リメイク版では、映画のどのような要素が変わっているか？　キングコングの物語に対するアプローチは、時代とともにどう変化したか？

最後に、『キングコング』（１９３３）を、状況におけるものとして検討してみましょう。つまり、当時の文化や時流と関連づけてみることです。１９３３年に世界でなにが起きていたのか？　まさかと思うような事件や人物からも、興味深い状況が浮かび上がってくるかもしれません。たとえば、１９３３年といえばアメリカは大恐慌のさなかにあり、ドイツではヒトラーが首相に任命されました。こうした出来事はなんらかの形で映画に反映されていないか？　そうだとしたらどのように？　またその理由は？

◎アリストテレスのトポス

修辞学の父のひとり、アリストテレスは、アイディアを抱き、組立て、表現するための体系を確立しようと努めました。ここでわれわれの関心を引くのは、アリストテレスが「トポス」と呼んだもの（アイディア生成のための具体的な方法の体系）です。トポスのことは、映画作品に対して投げかける一連の疑問群だと考えてみてください——この疑問群が、興味深いレポートのテーマにつながるのです。とりわけ、とても大雑把だと思えるテーマを探求しなければならない場合に、トポスは役立ちます。一例として、『スター・ウォーズ（*Star Wars*）』がＳＦジャンルに与えた意義についてレポートを書く際、トポスがどのように役立つかを検討してみましょう。

◎定義を用いる

テーマを思いついたり温めたりするうえで、定義を用いる方法は2つあります。第1に、分類（genus）と呼ばれるもので、アリストテレスはこれを、ある概念を特定の枠内で定義すること、と説明しています。たとえば、ＳＦジャンルを定義する際、『スター・ウォーズ』がＳＦジャンルの要素をどのように典型的に示しているかを明らかにしようとする場合がそうです。

定義を用いる第2の方法は、分割（division）して考えてみることです。言い換えるなら、対象を部分に分けて考えることです。たとえば、『スター・ウォーズ』シリーズの成功を最もよく説明するのは、この映画のどの要素かを考察してみましょう。

◎比較をする

比較をしてアイディアを生み出す方法には、２通りあります。まず、〈共通点〉と〈相違点〉を探すことです。たとえば『スター・ウォーズ』が、他の重要なＳＦ映画とはどれだけ似ているか、あるいはどんなに懸け離れているかを探ろうとする。

２つ目のやり方は、〈度合い〉を比較するというものです。言い換えると、なにかが別のものと比べてどれだけ優れているかとか劣っているかとかを検討する場合がそうです。たとえば、『スター・ウォーズ』はこのジャンルで、『マトリックス（*Matrix*）』（１９９９）よりも重要でしょうか？　『２００１年 宇宙の旅（*2001: A Space Odyssey*）』（１９６８）よりもＳＦジャンルでは重要性が低いでしょうか？

◎関係性を探る

執筆の着想を得る手段として関係性を探るという方法を4つ、アリストテレスは明らかにしました。第1に、自分の主題の〈原因〉もしくはその〈影響〉を考察する、というものです。『スター・ウォーズ』がその後のＳＦ映画に与えた影響を調べるというのが、その一例です。

第2に、主題に関して〈先行する例〉と〈結果〉とを考察することです。言い換えるなら、自分の主題について、この疑問を投げかけてみることです。この映画があるとして、ではそのあとはどうなったのか？　たとえば『スター・ウォーズ』が製作されていなかったら、ＳＦ映画はいまだにＢ級映画のジャンルから抜け出せずにいただろうか？

第3に、〈逆言〉を検討してみること、言い換えるなら、逆の言説を述べることで自論を組み立てていくことです。一例をあげるなら、平和はよいことだという思いを伝えるために、戦争は悪だ、と述べるように。こうした文章に続けて、『スター・ウォーズ』が抜群に影響力の大きな映画だということを、他の映画がいかに失敗しているかを引き合いに述べていくのです。

第4に、〈矛盾〉〈相矛盾する言説〉〈異議〉を探すこと。たとえば、『スター・ウォーズ』が史上最も偉大なSF映画だと考える批評家がいます。その一方で、この映画が過大評価されていると考える者もいます。こうした論争を掘り下げて、自分なりの主張をするのもよいでしょう。

◎状況を吟味する

レポートのアイディアを求める際に、状況を吟味する方法には、2通りあります。第1に、可能なことと不可能なことを検討することです。それらを検討することで、面白い議論を組み立てられることがあります。一例をあげるなら、『スター・ウォーズ』シリーズよりも影響力の強いSF映画のシリーズを見つけるのは不可能でしょう。

第2の方法は、過去を振り返ったり未来に目を向けるというものです。たとえば、『スター・ウォーズ』は今日製作されているSF映画に対しどのように影響しているか？　未来のSF映画が向かう方向を予見させるような傾向として、どんなものがあるか？

◎他者の発言に耳を傾ける

他者の発言が論文・レポートのタネとなることがあります。専門家、証拠文書、統計、箴言、法令、判例に目を向けましょう。たとえば、『スター・ウォーズ』の神話的・英雄譚的な構造について、神話学者ジョセフ・キャンベルが語っていることを読んでみてください。あるいは『スター・ウォーズ』の興行収入の変遷は、この映画の成功についてわれわれになにを語るのでしょうか？　その他の専門家も探し出し、その主張に耳を傾けてください。

◉アイディアを温める

ここまでで予備的なブレインストーミングはある程度すみました。ディスドラも書き上がっているかもしれません。いま目の前に立ちはだかる問題は、アイディアが多すぎてどうしたらよいかわからない、あるいは浮かんだアイディアがきちんとアカデミックなものか確信がもてない、といったことでしょう。では次に、なにをしたらよいのでしょうか？

◎ナッツシェリング

ナッツシェリングとは、自分の考えの要点を数行の文で（手短かに）説明する、シンプルな作業のことです。自分の考えを要約してみると、それらがどのように組み合わさるかが見えてきます。それぞれのアイディアが他のアイディアとどのようにかかわるか、全体としての要点はなにかがわかってきます。要するに、ナッツシェリングによって、自分が考えたことや情報を、意味があり、的が絞られ、筋の通ったものとすることができるわけです。

一例をあげましょう。映画『カポーティ（*Capote*）』（２００５）でトルーマン・カポーティを演じたフィリップ・シーモア・ホフマンの演技は、アカデミー主演男優賞に値するか否かを自分の視点で論じよ、という課題が出たと仮定してみてください。実のところ、あなたにはこの点で言いたいことがいっぱいあります。まず、ホフマンの演技はすばらしい（実際、とても気に入った）けれども、『ブロークバック・マウンテン』でゲイのカウボーイを演じたヒース・レジャーのほうがずっとオスカーにふさわしいと思う。どうしてかって？　そうだなあ、『ブロークバック・マウンテン』を観ていると、ヒース・レジャーがゲイのカウボーイを演じていることを忘れちゃうんだよな。だけど『カポーティ』を観ていると、ホフマンがカポーティの皮をかぶっていることをずっと意識してしまう。思うに、セレブを観ていることを観客に忘れさせてしまうのは、別のセレブを（どんなに見事であっても）真似るよりもむずかしい。でも、映画芸術科学アカデミーは、きっと自分とは意見が違うんだろうな。実際、最近ではヴァージニア・ウルフを演じたニコール・キッドマンやレイ・チャールズを演じたジェイミー・フォックスが、オスカーを受賞したもんな。

要するに、なにがあなたの見解なのでしょう？　この点で自分のあらゆる思いを検討した結果、あなたは次のように結論づけます。すなわち、フィリップ・シーモア・ホフマンの演技はたしかにオスカーにふさわしいけれど、彼がヒース・レジャーをおさえて受賞したのは、アカデミー賞の選考者たちがどれほどセレブにご執心かということを示しているのだ、と。さらにすっかり述べるなら、

俳優が伝記映画においてある人物の再現に挑むなら、彼らはわれわれを感嘆させる。あたかもわれわれの眼前で、対象を復活させたかのごとくである。それでもやはり、ここ数年の例のように、こうした復活がオスカー授与の決定的基準であってはならない。フィリップ・シーモア・ホフマンがヒース・レジャーをおさえて２００６年のオスカーを受賞したことは、セレブがセレブを演じることを称揚するオスカー選考者たちの傾向を例証しているし、またアカデミー自体がセレブ文化にからめとられていることを示しているのである。

ナッツシェリングをするうちに、レポートのための有望なアイディアを思いつく以上のことがなされます。すなわち、序論全体の有望なプランができあがるのです。このようにナッツシェリングは、執筆準備の有効な戦略であることが明らかになりました。

◎テーマを広げる

自分の考えを要約したところ、あまりに「小粒」だと感じたら、どうなるのでしょう？　そんなときはそのテー

マが、途切れない会話をするには、狭すぎたり特殊すぎたりしているのかもしれません。
たとえば、映画を観てそのメイクと衣装を観察せよ、という課題が出たとします。すると監督が、女性と口紅に念を入れているらしいと気づきました。その映画には、女性たちが化粧台で口紅を塗りながら、自分たちの性生活を語り合うという重要なシーンがあります。映画全体を通じ、監督は口紅を塗る女性やグラスに残る口紅の跡などをじっくりクローズアップして、観る者が口紅に気づくよう周到に気を配っています。

あなたはこうした口紅のシーンについてメモをとり、この映画で口紅がメタファーとして使われていることを、時間を追って述べるレポートが書けそうだ、と考えます。でも、口紅が出てくるのを時間順に並べるだけでは充分ではありません。そうではなく、監督がこれらのイメージをどのように用いているかを語り、この繰り返されるイメージがなにを意味するかについて明言しなければなりません

ディスカバリードラフトを書いてみると、こんなアイディアが浮かびます。すなわち、監督が口紅のシーンを用いるのは、登場人物たちが感情を隠そうとしている事実（マスキング）に、観る者の注意を引き寄せようとしているからではないのか、と。この観察は見込みがありそうですが、まだ充分「大きく」はありません。なぜでしょう？　その理由は、それが観察にとどまっていて、議論になっていないからです。すなわち、ただA、B、Cがいかに自分の感情を隠しているかを列記しているだけで、なぜこのマスキングを検討することが重要なのかという問題を論じていないからです。どうしたらテーマを広げ、なにか重要なことをいえると感じられるのでしょうか？

第1に、関連づけをしてみることです。登場人物たちは自分を隠すのにその他の方法を用いていないか？　マスキングはその映画の中心テーマのひとつか？　監督はそれ以外の方法でマスキングという考え方を探求していないか？

第2に、自分の考え方をひっくり返してみることです。ものごとの別面を検討するのです。たとえば口紅は、登場人物の仮面の一部かもしれませんが、当の人物に注意を引く働きもあります。口紅は隠れ蓑となる仮面を用意し

たりしません。それどころか、「ねえ、私を見て！」と叫んでいるのです。これは興味深い。おそらく登場人物は、一部の特徴を誇張しているのです。それ以外の特徴を隠すためにです。この奇策（暴露／隠蔽）は、映画の他の場面でも使われているのでしょうか？

第3に、コンテクストを検討しましょう。検討すべきコンテクストが、少なくとも2つあることはいうまでもありません。すなわち、映画内コンテクストと、映画外コンテクストです。映画内では、口紅のコンテクストを探し求めるでしょう。登場人物が口紅を塗る際、正確にはなにが起きているのか？　この行為を監督は、ポジティブなものとして描いているか、それともネガティブなものとして描いているか？　映画はいかなる価値を主張し、口紅の使用はこうした価値をどのように反映したりそれに挑んだりしているか？　映画のテーマはなにであって、口紅はどのようにそのテーマを反映したりそれに挑んだりしているか？

映画外には他にもコンテクストがあります。たとえば、監督の他の作品を検討してみましょう。そこでもマスキングは重要な問題か？　そこに働く文化的影響力のいくつかを検討してみましょう。監督は、より大きな社会問題を浮き彫りにしているか？　最後に、マスキングとは古くからおこなわれている手法です。マスキングの歴史について、いまの問題に関係することにどんなものがあるか？

こうした質問すべてが、テーマを拡大させ、議論を内容豊かで興味深いものにするのに役立ちます。

◎テーマを狭める、絞る

テーマが手にあまるほど大きすぎたらどうなるでしょう？　そんなときはどうすればよい？

すでに論じている仮想の映画について検討してみましょう。

仮に執筆前に考えをまとめた末に、この映画の登場人物は全員仮面をしているようだと結論づけたとします。この観察は潜在的に見込みがありそうですが、それに満足してはいけません。はっきりいって、メアリーが仮面をつけている、ジョニーも仮面をつけている、キャロラインも仮面をつけていると示すだけでは、読み手を退屈させるだけでしょう。当たり前でありふれた観察をつないだようなものです。では、どうやって焦点を絞ればよいのか？

まずは、自分の主張を試してみることです。このように大雑把な主張は、おそらくは必ずしも真実ではないでしょう。登場人物全員が仮面をつけているのか、それとも彼らのうち何人かがつけているのか？ あるいはこんなことに気づくかもしれません。女性たちはメイク（ある種の身体的なマスク）をするのだが、感情を押し殺しているのは映画中の男性たちのほうではないのか、と。このようなピントを絞った観察が、より興味深く、より扱いやすいテーマへとつながります。

次に、具体例を探します。広いということは、曖昧だ、ということでもあります。具体例に焦点を当てると、テーマがはっきりすることがあります。たとえば、登場人物たちが具体的にはいつ仮面をつけるかを検討したとしましょう。映画のいかなるときにも仮面をつけているのか、それとも自分たちの運命にとって決定的な瞬間のみに仮面をつけるのか？ 彼らは臆病者なのか、それとも監督は、人びとが運命の残酷さから自身を守ろうとするのは正しいことだ、と言おうとしているのか？

もっと具体例をあげていきましょう。人びとはどのように仮面をつけているのか？ 口紅のことを再度検討しましょう。ひょっとすると口紅の使用は、マスキングへの衝動を意味しているのかもしれません。

最後に、コンテクストを検討しましょう。コンテクストを検討するとアイディアを広げられるように、焦点を絞るのにも役立つのです。したがって「誰もが仮面をつける」は、「歴史的にいうなら、人びとは仮面をこのような特別な仕方で用いてきた。監督のXは、同様の仕方で仮面を使い、Yを論じている」となります。これに続けて、①登場人物たちは伝統的な仕方でどのように仮面を用いるか、②仮面のこうした歴史的な使用へのさりげない言及を通じ、監督はなにを明らかにしようとしているのか、を示します。

大切なのは、あなたの主張を支えるディテールを見つけること。その一方で、同時進行で映画のその他の箇所は取り除いていく。なぜなら、あなたの議論には重要ではないからです。このプロセスをきちんとやらないと、レポートに無関係な情報がまぎれ込んでしまう結果になりかねませんし、教師もまとまりのないレポートだとコメントする可能性が高い。首尾よく焦点を絞るならば、そんな問題は起こりません。

◉枠を超えて考える

本書はここまで、映画の構成のうち形式面を考察するようアドバイスしてきました。とはいえ、すでに指摘したように、映画について執筆する方法はいくつもあります。ときには「枠を超えて考え」、映画の製作過程や歴史背景などの考察を望むこともあるでしょう。第3章で学んだことを念頭におきながら、以下のように自問してみてください。

映画の製作者は何者か？　映画の監督は誰で、他にどんな映画を作っているかを確認しましょう。他の映画をいくつか鑑賞したならば、監督が関心を抱くテーマやジャンルをよりよく理解できるでしょう。

映画製作の経緯はなにか？　映画が作られた状況についてなにか知り得ないでしょうか。たとえば『地獄の黙示録』には、資金繰り、配役、脚本作成などの点で興味深い経緯があります。映画製作の経緯について知っておくと、監督が下した美的・映画的判断について理解する手助けとなります。

批評家や研究者はなんと言っているか？　映画を観る前に、その映画について他の人たちが言っていることを読んでおくと、どこに目をつければよいのかがわかってきます。映画のあるシーンの編集がとくに有名であれば（たとえば、ヒッチコック監督『サイコ（*Psycho*）』のシャワーシーン）、その映画を観る際にはとくに編集に注意することでしょう。

その映画のジャンルからなにを知り得るか？　映画を観る前に、その映画のジャンルの規範と限界について、ちょっと考えてみましょう。これをすましてから観るならば、それらがどのように遵守されたか、あるいは超えられたかを考察できるからです。一例をあげるなら、クリント・イーストウッド監督『許されざる者（*Unforgiven*）』（１９９２）などは、善玉対悪玉という西部劇に典型的な観念に挑んだ西部劇作品です。この原動力がその後の西部劇でどのように表出されているかを知れば、イーストウッド監督の偉業を理解し評価することができます。

その作品は、興味深い文化現象を反映しているか？　教授が特定の映画を観るよう指定することがあります。というのも、文化現象——たとえば、スターダムという現象——を詳しく検討するよう求めているからです。それでは、ということで、ローランド・ジョフィ監督『スカーレット・レター（*The Scarlet Letter*）』（１９９５）をあなたは観ようとします。この映画がデミ・ムーアをスターの座に押し上げるのにひと役かった「スター映画」だと、思ってのことです。この種のレポートは、形式分析の議論にもなり得ることに注意してください。たとえば、あるシーンでデミ・ムーアに、ハリウッド・スターとしての地位が強調されるよう照明が当てられていることを論じたりするように。

以上のような自問をするうちに有望なテーマにたどり着いたとします。けれども他にも文献を読み込まないことには、レポートを書くだけの充分な知識が自分に備わってない。そう感じたら、レポートを書くための研究（リサーチ）をおこなう必要があります。次章では、研究のプロセスについて解説しましょう。

第6章　映画を研究する

6 Researching Movies

映画を研究することには、多くの点で他の科目の研究と共通するものがあります。図書館を訪れ、書籍や学術誌を探し出し、アカデミックな対話を明確に理解し、自分自身の見解を示します。ですが、ひとつ重要な違いがあります。それは、映画について書く際は、映画自体が一次的な情報源であることが普通であって、映画批評（書籍や学術誌の記事など）は二次資料であることです。

◉一次資料と二次資料との違いを理解する

〈一次資料〉とは、学術調査の対象となるあらゆるテクスト、モノ、写真、映画、その他の媒体と定義されます。これに対し〈二次資料〉とは、当該の一次資料、歴史上の事件、モノ、現象を分析したり、批評したり、さもなければ光を当てたりした研究のことです。研究の目的しだいで、資料は一次資料にもなれば、二次資料にもなります。たとえば、映画以外のもの（例：監督の日誌、台本、ショットのリスト）を一次資料とする映画論文を書くこともありえます。あるいは、二次資料が映像フィルム（例：DVDの「特典」映像）から成る論文を書く場合もありえます。

研究についてのこの議論を続けるにあたり、たいていの場合われわれが語るのは映画をあつかう二次資料――たとえば、映画史、映画批評、論文――についてです。

◉資料を用いる

資料の収集・利用に戦略を立てるのは、よい考えです。資料がなにを論じていたか、そもそもなぜそれが重要なのかをうろ覚えのまま、資料から資料へとさまよう。そんなことは誰だってしたくありません。そこで以下のアドバイスをしておきます。あなたがいま以上に効率的で手際のよい研究者となるのに役立つことでしょう。

はじめのうちは、こうしたステップを踏むのに時間がかかると感じるかもしれません。「すぐにもとの資料に戻れるのに、どうしてわざわざそれを要約しなけりゃならないの?」。そんなふうに思うかもしれません。しかし、ここで述べる戦略は、長い目で見れば結局時間の節約につながるのです。研究しながら資料を消化し分類するという作業。これが、執筆作業をずっと明確で効率的なものにし、結局はずっと苦労を省いてくれるのです。

◎資料を要約する

自分の論文・レポートに資料を使う前に、必ずその内容を理解しましょう。それには当の資料を要約するのがいちばんです。要約すれば、いくつかのことがなされます。第1に、資料の要約には、論じられていることを自分の言葉にする必要があります。二次資料のなかには、あなたを困惑させる言葉づかいをしているものもあるでしょう。ある意味で要約とは、論じられていること、書かれていることを、自分でも理解できる言葉、自分でもとりあつかえる言葉に翻訳することなのです。また要約は、理解できない部分を明らかにするのにも役立ちます。要約する際につまずくようであれば、そのときはオリジナルの資料に立ち戻って明確化するよう心がけましょう。

要約をすると、自分の論文・レポートに関連づけられるよう議論を言い直すことができます。あなたが読む映画批評の大半は、たいへん複雑なものであり、考察のためのアイディアをいくつも提供してくれます。そうしたアイディアのなかには、自分のテーマに関係するものもあれば、そうでないものもあるでしょう。要約する際は、自分が書こうとする論文・レポートに最も関連するように、論じられていることの一部を言い直せばよいのです。

参考文献を整理するうえでも、要約は役立ちます。研究を進めるうちに10点の資料を用いたとしたら、たくさんメモをとり、引用箇所が数点たまっていることでしょう。こうした作業の積み重ねが、論文・レポートのページへと結実していきます。メモの整理に、要約がひと役かうのです。というのも、要約を一瞥(べつ)するだけで、どのアイディアがどの文献から得られたのか、たちどころにわかるからです。それぞれの文献から最も的確な引用を、要約のなかに取り込むのもよいでしょう。

要約することは研究のプロセス全体に有用なことを、最後に述べておきましょう。研究開始時に一度きりやって、あとは忘れてしまってよいといったものではありません。自分のテーマが転換ないし発展するごとに、短い要約を作成してください。自分の思考を文章にまとめると、理解のステージがひとつ確固たるものとなり、次のステージに進めることが実感できるでしょう。

◎資料を分類する

資料を要約したならば、それらをカテゴリーごとに分類します。アカデミックな文章を書くことは、壮大にして現在進行中の対話に加わるようなもの。このことを覚えておいてください。各人は独自の見解をもっているとはいえ、その対話に一匹狼として参加する者はいません。めいめいがある批判的な観点から発言しているのです。こうした観点は、さまざまなカテゴリーに分類することができるでしょう。

資料の分類には、相互の類似点を探すといったシンプルなケースもあるでしょう。ある観点を共有する資料はどれか？　似たような結論を出していると思われるものはどれか？　一方では、資料間の相違点が見つかることもあるでしょう。そうした相違点をしっかり見きわめ、別のカテゴリーに入らないかどうかを検討してください。たとえば、Aの側はXと確信しているようだが、Bの側はYと確信しているようだ。あるいは、Aの側はその文芸作品をフェミニズムの観点から理解しようとしているのに対し、Bの側は同じ作品を社会経済的観点から解釈することに関心を寄せている、という具合にです。

ひとたび資料を分類したら、類似点や相違点が自分の主張にどんな意味をもつかを考えます。これらのカテゴリーは、自分が論じようとする問題に関係するのか？　自分自身の主張はどこに分類されるのか？　読み手はあなたの主張を理解するうえで、これらのカテゴリーについて知っておく必要があるのか？　こうしたことがらを明確に述べるようにしましょう。この時点で自分の考えを文字にまとめておきます。

◎資料を問いただす

大学で書く論文・レポートの大半では、あるテーマについて誰かが言ったことを調べるだけでは充分ではありません。自分自身の観点を示すことが要求されるのです。それには資料を問いただす必要があります。

資料を問いただすといっても、議論をふっかけねばならないという意味ではありません。議論の弱点を鬼刑事よろしく嗅ぎ回らなくともよいのです。資料を「尋問」することは求められていません。そうではなく、資料に疑問を投げかけるのです。対話をはじめるのです。すなわち、挑み、問いただし、反論し、確かめる。以下に質問の例をあげておきます。

- **筆者は自分の主張の根拠を示しているか？**　その根拠は充分なものか？　その理由は？
- **なにか筆者が見落としていることはないか？**　それは見落としか？　もしそうならそれは不注意によるものか、それとも意図的と思われるか？　その理由は？
- **筆者の言葉づかいは適切か？**　華麗な表現や熱に浮かされたような主張で、根拠不足を覆い隠していないか？

・筆者の観点についてなにを見きわめられるか？　筆者はなにかしら深刻なバイアスを抱えていないか？　筆者は特定の考えを有する学派に属していないか？　筆者の観点は、その主張を支えているか、それとも妨げとなっていないか？　その理由は？

・自分の立ち位置は筆者との関連ではどこになるのか？　筆者に無条件で拍手を送るのか？　それとも舞台から引っ込むよう野次り飛ばしたくなるのか？　懐疑的になって腕組みしたまま座っているのか？　筆者に対する個人的な感想をメモっておいて、それらをコメントや疑問に変換すること。

◎資料に註釈をつける

研究者ならたいてい、文献を読む際、可能であればいつでも註釈をつけるのが有益だと考えています――それも、重要な文章に蛍光ペンでしるしをつけるだけではダメで、自分の抱いた疑問や感想を余白にメモするのです。文献に註釈をつけると、筆者との対話に入っていけます。受け身で読むのはもうやめにしよう。論文・レポートのテーマに結実するコメントと疑問とのあいだの余白を埋めながら、能動的に読んでいくのです。文献に註釈をつけるなら、自分の疑問やひらめきを見失うこともありません。大部な本も博士論文も、もとは余白に書き込んだメモから発展したものなのです。もしメモをとる手間を惜しんでいたら、そのアイディアは失われていたかもしれません。

◎資料に働かせる

はじめて論文・レポートを書く学生は、しばしば重大なミスを犯します。すなわち、資料が述べることがらに圧倒され、その学術的な見解の重みによって、自分の書いたものを台無しにしてしまうというミスです。結局、自分自身の情報豊かな議論は書けずじまいで、すでに言われたことの焼き直しで終わってしまう。そんな論文・レポートでも、参考になることはあるでしょう。なかなかよく書けている場合もあるでしょう。しかし、それではよい学術論文・レポートの条件を満たしていません。

よい学術論文・レポートとは、分析的・批判的でなければならず、さらに入念に組み立てられ、説得力に富み、情報豊かな議論（informed argument）を提示するものでなければなりません。

この「情報豊かな議論」という言葉をとくと考えてみてください。このなかで力をもっている語は「議論」です。「情報豊かな」は修飾語にすぎません。名詞「議論」に仕え、修飾し、陰影をくわえているのです。これと同じように、あなたが集める情報も、あなたの議論に仕えるようであるべきです。資料をあなたのために働かせるのです。

自分の議論をかすませることなく、資料が実際に自分のために働くようにするには、いくつかのステップがあります。第1に、テーマを自分自身でじっくり考えてみないうちに、図書館に行ったりネットで調べたりしないこと。研究を進めていくと、それが自分の考えに影響するのは間違いありません。ときには、自分の意見を取り下げることだってあるでしょう。しかし、テーマをある程度考えてみないうちに図書館に行くならば、たまたま最初に出くわした説得力ある議論に飛びついてしまうリスクがあります。

第2に、資料をテーマに関連するものだけに限定すること。自分の主題に関する広い学術的対話に押し流され、とどのつまり自分の議論に役立たない展開に逸れてしまうこと、これもありがちですね。

最後に、テーマに関する自分の理解の発展を、定期的に要約し、きちんと記録しておくこと。すでに述べたように、資料は要約しておくとあつかいやすくなります。研究を進めながら資料をコントロールしておけば、後になって資料に圧倒されるリスクが小さくなります。

◉資料を記録しておく

研究を進めているあいだ、資料をきちんと記録しておくことはとても大切。すばらしい引用箇所があったのにどの資料にあったか思い出せない。これほどじれったいことはありません。メモとりのための、有効で首尾一貫した方法を編み出してください。

どんな学問分野でも、論文・レポートに参考文献一覧（bibliography）もしくは引用文献一覧（works cited）をつけることが求められます。参考文献一覧には、研究中に参照したすべての著作を記します。たとえその資料を直接引用していなくてもです。これに対し引用文献一覧は、論文・レポート中で引用したり、言い換えたり、示唆したりした著作のリスト、といったものです。参考文献一覧であれ引用文献一覧であれ、読み手が自分で当の資料を見つけやすくするよう情報を提示することが求められます。正しい参考文献一覧や引用文献一覧の作成法については、米国現代語学文学協会（Modern Language Association of America）刊 *MLA Handbook*（邦訳書：『ＭＬＡハンドブック』秀和システム）を参照してください。

◉資料を引用する

論文・レポートを書く際は、直接引用しない場合でも、使用した資料はすべてリストアップしなければなりません。さもないと、剽窃（ひょうせつ）（plagiarism）の嫌疑をかけられる羽目になります。剽窃（論文丸ごとであれ、たった一句のフレーズであれ、他人の言葉やアイディアを自分のものとして通すこと）は、学術上の不当行為であり、厳しい処分が待ち受けています。

剽窃をしない。それにはきちんとした理由がいくつかあります。第1に、たちまち見つかってしまうからです。

教師たち――学生たちの論文指導に何年も費やし、それゆえ学生のレポートを数え切れないほど読んできている――は、プロが書いたものと学生が書いたものとの違いを鋭く見きわめます。展開や文脈になんの関係もなさそうな、洗練され磨きあげられた文章が突然現われたなら、すぐに気づきます。おまけに、インターネットによって容易に剽窃ができるとはいえ、そのことは同時に教師たちの味方にもなります。優秀な剽窃チェックソフトを使って、文字どおり何百万という文書から怪しいフレーズや文を探し出せるからです。

第2に、剽窃は読み手と書き手の双方を騙すものです。文献にきちんと言及するのは、学術上の作法の基本です。学術研究とは進行中の対話ですから、自分以外の学生や研究者が自分の著作を使おうとするかもしれないと、常に心しておくべきです。別の研究者からアイディアを拝借しながら、そのことに言及しておかないと（あるいは不適切に言及すると）、読み手はあなたの著作に入り込んできたアイディアの出所を探すのに苦労することとなります。

剽窃をした（あるいは資料に言及しなかった）際の最も深刻な問題。それは、あなたが自分自身を欺くことになる、ということです。単位ほしさに他人のアイディアに依存するなら、大学が提供し得る最良の経験を味わう機会を、自分自身から奪ってしまうのです。すなわち、自分で考える、という機会です。論文・レポートの執筆は困難なものでしょうし、締め切りが迫ってくると、楽な近道を探し、自分より明らかに知識の深い研究者からアイディアを拝借したくなる衝動に駆られるかもしれません。しかし、教師が知りたいのは、あなたの意見なのです。どんなレポートの課題も、自分のアイディアを探究し表現する機会と捉えましょう。大学教育を受けるために、あなたは高い学費を払っているのです。ぜひその投資に見合ったものを手に入れてください。

第7章　主題を温める

7 Developing Your Thesis

◉主題文を書く

論文・レポートでは、主題文（thesis sentence）ほど悩ませられる文はありません。それにはきちんと理由があります。主題文が、議論全体を主張し、操作し、組み立てる一文となることが非常に多いからです。しっかりとした、説得力に富む、思慮深い主題――明示的なものであれ、暗に仄めかしたものであれ――がないと、論文・レポートは焦点が定まらず、脆弱で、読むに値するとは思えないものとなるでしょう。

では、どうしたらよい主題文が書けるのか？　概していうなら、よい主題文には以下のような特徴があります。

よい主題文は主張する。あるアイディアを二者択一の命題にまで還元し、いずれかの立場に立たねばならない、という意味ではありません。そうではなく、自分が支持し正当性を主張できる興味深い観点を作り上げる必要がある、ということです。この観点とは、たんなる観察以上のものでなければなりません。「アメリカ合衆国の暴力犯罪率はカナダの2倍以上である」というのは、（統計記録で確認しうる）たんなる観察です。「アメリカ人はカナダ人よりも暴力的である。なぜならアメリカ人は互いを恐れているからだ」というのは、ドキュメンタリー映画監督マイケル・ムーアが『ボウリング・フォー・コロンバイン（*Bowling for Columbine*）』（２０００）で唱えた主張です。

なぜか？　それは、ひとつの観点を示しているからです。対立する複数の主張を、この主張が競い合わせているのです。言い換えるなら、よい主題文は、それ以外の観点を（黙らせるのでなく）挑発するのです。あるひとは、アメリカが暴力的なのは伝統的な核家族の崩壊のせいだ、と主張するかもしれません。またあるひとは、この国における銃の蔓延を指摘するかもしれません。要するに、あなたの主題が誰も議論をふっかけてこない（あるいはそんな気も起こらない）ものを主張しているとしたら、それはあまりよい主題ではない、ということです。

よい主題文は、議論の射程を定める。主題文は、論文・レポートで述べる必要のあることを決定づけます。と同時に、述べてはいけないことも決定づけます。論文・レポート中のいかなるパラグラフ（段落）も、自分の主題を支持したり詳述したりするために存在するのです。したがって、自分が書いたあるパラグラフが主題に関係ないと思えたら、とるべき選択肢は3つあります。そのパラグラフを削除するか、主題文を書き直すか、そのパラグラフを主題にもっと関係するようにするか、の3つです。第4の選択肢はありません。このことは理解してください。主題とは、書き手と読み手との関連性を明確にしない限り、そのパラグラフを残しておいてはいけません。主題とは、書き手と読み手との契約のようなもの。読み手の心の準備が整わなかったり、関連性が感じられなかったりする考えをもち込むようでは、契約違反となるのです。

よい主題文は議論の構造を示す。主題文は読み手に対し、主張がなにであるかだけでなく、その主張をどのように提示するかも示します。言い換えるなら主題文は、直接にせよ間接にせよ、読み手に議論の構造を示さなければならないのです。たとえば、次のような主張をしようとしたとしましょう。「マイケル・ムーア監督は、A、B、Cという3つの手法でアメリカ人の恐怖心につけ込んでいる」。この場合読み手は、3つの要点が述べられること、これらの要点がなんらかの順序で現われることを知ります。これという順序づけの原則を仄めかしながら、後でそれを放棄するならば、読み手はイラつき混乱することになります。

◉主題文に代わるもの

執筆した一文の目的が、主張をすることではなく、問題提起であることがときにあります。また、ものごとをあえて未解決のままにして、読み手が独自の立場を形成するよう促すこともあります。こうした場合、主題文は別の形をとるでしょう。すなわち、疑問型主題（thesis question）や内包主題（implied thesis）と呼ばれるものです。

前述のように、すべての著作物がなにか主張しようとするわけではありません。たとえば、ジェームズ・キャメロン監督『アバター（*Avatar*）』（2009）の興行的成功の理由を探究するのが目的ならば（それについてあなたがなにか主張する準備ができていない、そんなテーマです）、「いかなる文化的力学が『アバター』の成功を用意したのか？」といった疑問型主題となるでしょう。

この疑問は、挑発的ではありますが、議論の構造をちっとも示していません。この点に注意してください。これでは書き手はいずれかの考えに深入りすることなく、あらゆる考えを追求できます。こうした自由さは魅力的に感じられるかもしれませんが、実は明言された主題がないと作業がもったいへんになるのです。というのも、論文が明晰で読み手が探究の流れを容易に追えるよう、内部の構造とパラグラフからパラグラフへの移行を緊密なものにする必要があるからです。

それでもなお、ここで例証のために、「いかなる力学が『アバター』を史上最も収益をあげた映画にしたのか？」という疑問型主題をどうあっても使いたくなったとしましょう。まずは、スティーブン・スピルバーグ監督の『ジョーズ（*Jaws*）』（1975）以来の、ブロックバスター映画の歴史を論じることからはじめることになるでしょう。また、映画のテーマ——顕著なのは、環境破壊についての若者たちの危機感——が、映画公開時の時代精神にどのように入り込んでいるかをも述べることになるでしょう。さらに議論を広げ、映画における技術革新の魅力、とりわけ技術革新が可能にした先駆的な特撮効果とスペクタクルとを検証したりもするかもしれません。

ここには多くの（たぶん多すぎるほどの）材料があることがわかるでしょう。論文がどの方向に向かうのか、結論がどうなるのかわからないままでは、どうでもよい脇道にそれていくのをいかんともしがたい。したがって、疑問型主題を用いる場合は、それが明快に表現された疑問であって、それに対し秩序だった研究を組み立てるよう注意せねばなりません。論文・レポートが手にあまると感じ出したのなら、思い切ってその疑問をディスカバリードラフトの冒頭にしてみてはいかがでしょう。ディスドラでの発見が、論文・レポートの明言された主題となることもあるはずですから。

◎内包主題

主題文について最も興味深いことのひとつは、それが論文・レポートで（たとえそこになかったとしても）最も重要な文であるということです。

最もすぐれた書き手のなかには、けっして主題を明言しない者もいます。論文・レポートのなかには、主張を明言している文を指摘するのがむずかしいものもあります。それでもやはり、その論文は首尾一貫しており、主張が述べられています。これらのケースでは、書き手は内包主題を用いているのです。

目下問題となっていることがらについて読み手に独自の結論を出してもらいたいと望む場合、書き手は内包主題を用います。しかしながら、書き手が主題を明言していないからといって、主題なしで執筆しているわけではありません。すぐれた書き手は、（頭のなかにせよ、論文・レポートの註においてにせよ）主題を明確に述べている。紙面には主題を述べないことにしたかもしれませんが、書かれたひとつひとつのパラグラフと文は、常に主題によってコントロールされているのです。

内包主題で論文・レポートを書こうとするのなら、自分の主張とその構造をしっかり把握すること。また、読み手が議論についていきやすいように、適切なつなぎ言葉を用意すること。

執筆開始時には、確固として、よく組み立てられた主題をもつべきです。主題は読み手に論文・レポートの目的を伝え、執筆が進むとともにあなたを導いてくれます。しかしながら、執筆開始時に書いた主題が絶対的なものでないと心にとどめておくことも大切です。まだ手直しがきくのです。書き進めるうちにテーマについての考えが発展し、結論に磨きをかけることもしばしばあるでしょう。ときには主題を再度練り上げ、考えを改める必要もあるでしょう。つまり、書き出したときにあるのは、実は**〈作業主題〉**（working thesis）なのです。書き進めるにつれ、それは変化し、適応し、発展しうるのです。作業主題は、論文・レポート完成時まで、最終的な主題であり続けるわけでは、必ずしもないのです。

◉アイディアを主題に変換する

主題に望むべきものをみてきましたので、ここですでに終えた作業をもとに、主題を作成してみることにしましょう。いま仮に、相当量のブレインストーミングをすませ、フリーライティングもいくらかすませ、おそらくはディスカバリードラフトも書き上げ、面白そうなアイディアが浮かんだとしましょう。次に、ナッツシェリングにいくらか時間を費やし、アイディアを絞ります。さて、あと必要なのは、そのように絞ったアイディアのひとつを、作業主題に変換することです。

作業主題を組み立てるのは、スリリングなものです。つまるところ、主題が論文・レポートの最も大切な文だと言っても過言ではないでしょう。これを型にはまった書き方で書いてはいけません。自分の書きたい主張の複雑さを反映するように書かねばならないのです。上手な主題の書き方の定石といったものは存在しないものの、正しい方向に向かうためのアドバイスはできます。

まず、自分がなにについて書きたいのかを決めること。すでにブレインストーミング、フリーライティングなどによって、相当数のアイディアを生んでいるのですから、とるべき選択肢はいくつかあるのです。

前記のアイディア生成のときに作った観察リストから、面白そうな観察を探し出します。リストからひとつだけ選んでそれに集中するのもよし、2つか3つの観察事項を組み合わせてそれに集中するのもよし。いずれの場合でも、観察したすべてのものを一本の論文・レポートにつめこもうとするのは禁物です。それには一冊の本が必要ですし、締め切りまでに本を書き上げる時間などないのですから。どのアイディア、もしくはアイディアの組み合わせにするかを決めるなら、限られた持ち時間のなかで、それに集中し、骨までしゃぶり尽くすことができます。

ときには、とてもよさそうな2、3のアイディアのあいだで迷ってしまう場合があります。アイディアがひとつにまとまらないなら、いずれか最も興味深く思われるものを選ぶのが、ベストの戦略です。言い換えれば、最も楽しめそうなものを選ぶこと。そうすれば、それに集中し続けることができます。つまり、自分がなにを言いたいかだけでなく、なにを割愛するかもわかってくるのです。

また、この時点で面白いことに気づくでしょう。それは、まだ主題が決まっていなくとも、自分が選んだアイディアは、どんなタイプの論文・レポートになるかまで方向づける、ということです。自分の観察が（前述の『地獄の黙示録』の例のように）映画における音響の使用に関するものだとしたら、形式分析の論文・レポートを書いていくことになるでしょう。このことを理解すれば、自分がしようとしていることばかりか、自分がしないことまでわかってきます。つまりそれは、映画史について書いたものや、文化を分析したものではなくなるはずです。

さあ、プランは固まりました。『地獄の黙示録』におけるコッポラ監督の音響使用に関するある特定のタイプについて（形式分析）の論文・レポートを、書いていくのです。すでに第3章でふれたように、形式分析の目的は、映画の形式の一要素を選び、この要素が主要テーマや潜在的なメッセージ、あるいは映画全体の効果にどう影響するかを、詳しく検証することです。この時点で、こうした目的が指針となるよう、疑問を組み立てる必要があります。筆にまかせてしばらく書いているうちに、次の疑問が浮かびます。「コッポラ監督の音響使用は、『地獄の黙示録』の全体的効果にどう寄与しているか?」。これを機にこの疑問を探究してみましょう。答えをブレインストーミングしたりフリーライティングしたりしてみましょう。次に、自分の答えを絞り、先の疑問に対しまずは数文で、続いて一文で答えられるようにしてみてください。この疑問に一文で答えられるならば、作業主題ができたということです。

文化的分析で論文・レポートを書くのであれば、そのタイプの目的しだいで、別の疑問を自分に投げかけるのはもちろんのことです。映画史および文化史における『地獄の黙示録』の位置を探究する論文・レポートにも、同じことがいえます。戦略はもうおわかりですね。なにもないところから主題を作り出そうとするのでなく、自分が興味深く感じる要素をひとつ選び、自分が書こうとする論文・レポートのタイプごとの目的に応じて、適切な疑問を自問すること。その疑問に答えるならば、作業主題ができあがるのです。

◉主題文のチェックリスト

たっぷり時間をかけて作業主題を書いたのに、それがよい作業主題なのか確信がもてないことがあります。すでにふれたように、すぐれた主題は書き手が書き進むうちに発展していくのが普通です。書いているうちに、自分の主題を問いただし、きちんと耐えうるものか判断したくなります。そんなときは、次のような質問を自分に投げかけてみてください。

- **主題文は、やりがいのある知的な疑問に解答を与えたり探究したりしようとしているか？**　自分が立てた疑問を検討してみてください。主題が自分にとってやりがいのあるものでなければ、読み手もやはり読み応えを感じないでしょう。書いているうちに自分が退屈したり、なにも大事なことを述べていないという感覚に囚われたりしたなら、執筆は中断。観察事項のリストに戻りましょう。知的関心をくすぐるような、観察事項相互の関係がなにかないか、探してみてください。
- **自分が言おうとしているポイントは、議論や討論を招くものであるか、それとも人びとに「それがどうした？」と言わしめるものか？**　自分の主題が議論を招かないとしたら、それはそのポイントが、あまりに自明なことだからかもしれません。観察事項のリストに戻りましょう。それぞれについて、「なぜこれが重要なのか？」と考えてみてください。この疑問に対する答えが、自分の主題を練り直してくれることでしょう。
- **主題が曖昧すぎないか？**　あまりに大雑把でないか？　主題が広すぎるようでは、読み手の関心を維持することは望めません。また、自分の方向性が明確に定まることもないでしょう。自分が焦点を当てているものを絞ること。もっと一般的なアイディアをとりあげ、それをテクストについての特定の観察事項に結びつけてみましょう。その結びつきのなかに、論文・レポートの焦点が見つかるのではないでしょうか。
- **主題は目下のテーマを直接あつかっているか、それとも自分の個人的思いを述べたものにすぎないのではないか？**　個人的見解には注意しましょう。主張をするということは、自分の意見を述べることとは違います。学術論文は、前者をおこない、後者を慎むものなのです。
- **主題は自分の議論の方向性を示しているか？　主題は論文・レポートの構造を示しているか？**　主題がうまく組み立てられていれば、自分と読み手に論文・レポートがどこに向かおうとしているのか示唆してくれます。主題を吟味し、アウトラインを吟味すること。自分の主題は、そのアウトラインを反映ないし暗示しているか？　アウトラインや構造が示唆されるように、主題を書き直せないか？

- **導入のパラグラフは、主題の重要な用語を定義しているか？** 主題だけに仕事のすべてを任せてはいけません。序論（Introduction）に主題の手伝いを頼みましょう。このことは、用語の定義のように、必要ではあるものの煩雑な作業の場合に、とりわけ当てはまります。
- **研究論文を書いているとして、自分の序論は主題を、テーマに関するより広い、進行中のアカデミックな議論に組み込んでいるか？** 例のディナー・パーティのメタファーをもう一度思い出してください。そのテーマについて、テーブルについた研究者たちはなんと言うか？ 自分の観点と彼らの観点との関係は、読み手にもわかりやすいものか？ わかりにくいとしたら、どうすればわかりやすくなるのか？

第8章 構造と構成を検討する

8 Considering Structure and Organization

自分がなにを言いたいのかわかったなら、次にそれをどう言うか、という問題が残されています。論文・レポートをどのようにはじめるか？　他の研究者たちの見解にもふれるべきか？　また、自分の考えたもののなかに見つかった厄介な矛盾をどうあつかうべきか？

大学で論文・レポートを書くには、洗練され、かつ複雑で、さらにはクリエイティブな仕方で自分の考えを組み立てる方法を考え出す必要があります。したがって、どんな論文・レポートにも、またいついかなる場合でもうまくいくシンプルな定石を示すことなどできません。けれども、自分の論文・レポートを構成する際に、考えるべきことがらを示すことなら可能です。

◉自分の主題に方向づけを委ねる

まずは自分の主題に耳を傾けることからはじめましょう。主題がきちんと書かれているのなら、それが進むべき道を教えてくれます。たとえば、ソ連初期の映画監督の作品を観て、次のような主題を書き上げたとしましょう。

ソ連初期の映画の目的は、革命のイデオロギーを支持するだけでなく、新たな人間像である〈ソ連人〉を創造することにあった。

この主題は書き手に、論文・レポートを首尾よく組み立てる方法について、いくつかの手がかりを与えてくれます。それだけでなく、読み手に対しなにに遭遇するかを示してくれます。まずこの主題は、ソ連の映画監督たちがイデオロギー以上のものに関心を抱いていたと述べることを、読み手に約束します。だからこの論文・レポートは、彼ら監督たちにとって革命の価値のプロパガンダが重要ではあるけれども、それが唯一の目的ではないと認めることからはじまるでしょう。残りの部分では、（もっと重要な）〈ソ連人〉――新たな人間像――の創造をあつかうことになるでしょう。

この〈ソ連人〉という概念がイデオロギーよりも重要だということ。その理由は、ソ連の映画監督が実際にそう言っているからだとは限りません。むしろ書き手が、自分の主題でそのように言っていると思われるからです。もう一度主題文を読んでみましょう。「新たな人間像」が強調されているのに注意してください。この強調によって、ソ連の映画監督たちがソヴィエトのイデオロギーをいかに宣伝したかを描くだけでなく、むしろ、このイデオロギーを宣伝する方法が新たな種類の人間――ソ連人――を創造するためにいかに利用されたかを描いていることがわかります。このことが理解されるのは、主題が強調的に書かれるよう、書き手が意を用いたからです（この強調という点についてもっと知るには、第9章「文体に気を配る」を参照のこと）。

◉議論をスケッチにまとめる

主題は論文・レポートのおおまかな方向を示しますが、要点を細大漏らさずにどう構成するかというプランまでも示してくれるわけではありません。この時点では、自分の議論を図示したりスケッチにまとめたりするとよいでしょう。

議論のスケッチを描く際は、紙一面を自分のアイディアで埋め尽くすのが目標。まず、主題を書くことからはじめます。直感のおもむくまま、主題を配置します。ページの上部でも、中央でも、下部でもかまいません。主題のまわりには、自分が述べたいポイントをまとめます。こうしたポイントひとつひとつの下には、自分の観察やとりあげたい根拠をメモっておきます。スケッチがごちゃごちゃしだしても、気にしてはいけません。矢印を用いる。円を描く。カラーペンを手にする。こうしたやり方のいずれもが、それまで気づきもしなかったアイディア間の関係に気づかせてくれます。このスケッチから、論理的思考の糸をのばしていくよう心がけてください。

スケッチを描くのは、執筆作業の重要なステップです。アイディア間の関係を目に見える形で検討できるからです。スケッチをサボり、アウトラインを作るのを急ぎすぎると、こうした関係を見落とすリスクがあります。ポイント（A、B、C）を、そう並べる理由を充分に理解しないまま、並べてしまいかねないのです。自分の議論のスケッチを描いてみると、たとえばAのポイントとCのポイントがかぶっていて、もっと注意深く考えてみる必要があると気づかされます。

◉議論のアウトラインを作成する

スケッチが完成したなら、アウトライン作成の準備は万端整いました。アウトラインの役割は、論文・レポートのいちばんよい構造をはっきりさせることです。「いちばんよい構造」とは、自分がもくろむ議論を最もよく支える構造、ということです。

アウトライン作成時には、構成をどうするかという点で多くの選択肢があります。そして、選んだそれぞれの選択肢が他の何十もの選択肢を消去してしまいます。このことを理解しておいてください。選んだすべての選択肢が主題を支えるようなアウトラインを考えること、それが目標なのです。

アウトラインとは、自分が組み立てつつあるパズルのようなもの。パズルのひとつひとつのピースは、ぴたりとはまる場所が一ヵ所しかありません。同じことが、論文・レポートにも言えるのです。もし自分のアイディアが簡単にグラグラ動くようであれば（言い換えると、パラグラフのうちのいくつかをコロコロ入れ替えることが可能で、しかもそのうちのどれもましだと思えないのなら）、それはやはり、いちばんよい構造がまだ見つかっていない、ということなのです。各パラグラフは、ひとつの、充分に下支えされたアイディアを提示しなければなりません。それも、先行するアイディアを論理的に引き継ぎ、総体としては論文・レポート全体のポイント（すなわち、主題）に向かってまっすぐ積み上げられねばなりません。アウトラインが自分のアイディアに手袋のごとくフィットするまでがんばりましょう。

うまくいきそうなアウトラインができたら、それを批判してみましょう。最初にできたパラグラフがもちこたえることは、まずありません。アウトラインについて自問をはじめるなら、自分のプランのどの部分がもちこたえ、どの部分が失敗するかわかりだすものです。以下は自問のための項目です。

- **自分の主題はアウトラインの方向性をコントロールしているか？**
- **自分の主要なポイントすべてが主題に関連しているか？**
- **主題にとって重要なものを変更することなく、主要なポイントを動かしてもだいじょうぶか？**

・アウトラインは論理的か？

・議論はきちんと進んでいるか、それとも行きづまってないか？

・議論が途中で転回しているようなら、主題はその転回をきちんと予期したものであるか？

・それぞれのポイントについて充分な裏づけがあるか？

・テーマをめぐる他の観点を受け入れる余地を、アウトラインに残しているか？

・アウトラインは徹底的で思慮深い議論を反映しているか？　なにか取り残しはないか？

◉パラグラフを組み立てる

主題を書き上げたと仮定してみてください。アウトラインも検討してみました。どういう形でアイディアを配置するかもわかったつもりです。これならうまくいきそうだというプランを決定しました。さあここで、パラグラフを組み立てるという大切な仕事にかからねばなりません。

あなたは高校で、パラグラフとは論文・レポートの縁の下の力持ちだと教わったのではないでしょうか。実際、そのとおりなのです。もしパラグラフのひとつでもつじつまが合わなかったりもろかったりすると、議論全体が失敗するかもしれません。それぞれのパラグラフの「役割」を注意深く検討するのは、大切なことなのです。自分がそのパラグラフに何を望むか、知っておいてください。そのパラグラフが課せられた役割を果たすよう、心がけましょう。

◎パラグラフとはなにか？

パラグラフとは、論文・レポートのひとつの「単位」であると一般には理解されます。新たなパラグラフを読む際、読み手が期待するのは、ポイントが明言されること、そしてそのポイントを支えるものが示されることです。もしこの期待が裏切られるならば（パラグラフが３つも４つものポイントをあてもなくさまよったり、支えとなる根拠をなにも提示できないままポイントを明言するならば）、読み手はそんな議論に混乱したりじれったく感じたりすることでしょう。それ以上読み進める気が失せてしまいます。

◎パラグラフはなにをすべきなのか？

こう考えてみてください。あなたがボーイフレンドやガールフレンドに求めるものを、読み手はパラグラフに求めていると。仕事であれ日々の暮らしであれ、あなたも自分を支えてくれ、焦点が定まっていて、頼もしく、思いやりのある相手がいいなと思うでしょう。同様に、よいパラグラフとは、

- **支えてくれる。**よいパラグラフは主題を支え、主題を展開します。自身と主題との関係を明快に述べ、議論全体における目的を明確にするのです。
- **焦点が定まっている。**よいパラグラフは、充分に練られたポイント、それもひとつのポイントだけに焦点を当てます。多すぎるアイディアに焦点を当てて議論をグタグタにしたりしません。また、なにを論じようとしているのかをはっきりさせないまま、議論を進めたりもしません。よいパラグラフは、焦点が定まっていて、まとまりがあります。

・強靭である。よいパラグラフは、どうでもよい根拠や無駄な文で水ぶくれしたりしません。また、根拠や分析を欠いたままだったりもしない。よいパラグラフは、知的な意味で「筋肉質」です。この知的筋肉は、根拠と論理的思考からできあがるものなのです。

・思慮深い。よいパラグラフは、他のパラグラフとの関係を重んじます。仲間であるパラグラフを遮って、他者には関係ない自分だけの問題をくどくどしゃべったりすることは絶対にありません。自分の出番を辛抱強く待っています。しかるべき時と場所に現われます。とり散らかしてあと始末を他のパラグラフに押しつけたりしません。言い換えるなら、思慮深いパラグラフとは整合性のあるパラグラフなのです。全体としてのテクスト内で意味をなすからです。

◎トピックセンテンスを書く、もしくは主張を導く

どんな論文・レポートでも主張を唱え統制するための主題文が必要なように、どんなパラグラフもそのメインアイディアを唱え統制するトピックセンテンスが必要です。トピックセンテンスがないことには、パラグラフ群はごちゃ混ぜで目的がない、と感じられることでしょう。読み手は混乱させられるでしょう。トピックセンテンスはパラグラフにおいて重要な役割を果たすので、注意深く組み立てねばなりません。トピックセンテンスを書き上げたなら、以下の項目を自問してください。

・トピックセンテンスは唯一のポイントを明らかにしているか？　読み手はひとつのパラグラフが論文・レポート中のただ一つのアイディアを探求するものと考えています。ですから、トピックセンテンスが過度に野心的にならないようにすること。これが大切です。２つや３つのアイディアに言及しているようなら、たぶんさらにパラグラフを増やすよう検討する必要があるでしょう。

・トピックセンテンスは議論を深めているか？　主題文でやったのと同じ「それがどうした？」テストを、トピックセンテンスでもやってみてください。トピックセンテンスが面白くなければ、議論が深まることはまずないでしょう。そんな論文・レポートは壁にぶつかるのです。

・トピックセンテンスは主題に関係しているか？　自分でははっきりそうだと思っても、読み手にはその関連性がはっきりしないことがあります。自分のトピックセンテンスがまったく新しい領域に向かっているようなら、書くのをやめて他の選択肢を検討します。その新たな領域が今ある主題に関係しないのであれば、選択肢は2つ。主題を書き換えてこの新たな方向性を取り入れるか、論文・レポートの最終稿からこのパラグラフをばっさり削除するかです。

・トピックセンテンスと先行するパラグラフとには明快な関連性があるか？　議論を組み立てる際は、いかなるステップも省かないこと。突然転回するならば、適切なつなぎのフレーズ――「一方では（on the other hand）」「しかしながら（however）」など――を用い、読み手にそのことを伝えること。

・トピックセンテンスはパラグラフを統制しているか？　パラグラフにほころびを感じたら、もう一度点検。たぶんトピックセンテンスがパラグラフを適切に統制していないので、書き直す必要があります。あるいは、別のパラグラフを必要とするような新たなアイディアに、パラグラフが進んでいる可能性があります。

・トピックセンテンスをどこに置いたか？　往々にして読み手は、トピックセンテンスをパラグラフの先頭もしくはその近くに見つけようとします。以下のことを考えてみてください。なにかを急いでスキミングする際、各パラグラフのどの文に目を向けますか？　たぶん最初の文でしょうね。しかし、すべてのトピックセンテンスがパラグラフの先頭に置かれねばならないわけではありません。とはいえやはり、トピックセンテンスを先頭に置かない場合は、パラグラフを入念に組み立てる必要があります。たとえば、トピックセンテンスに先行することが必要な情報があるなら、パラグラフの真ん中に置くのも許されるでしょう。また、主要なポイントをあなたが明言する前に、読み手に推論の流れを考えてもらいたいなら、パラグラフの終わりにトピックセンテンスを置くのもよいでしょう。議論とそれが必要とするものに、トピックセンテンスの位置を委ねることです。どこに置くにせよ、戦略的であれ。その決定によって、議論がスムーズに運ぶよう心がけてください。

◉パラグラフを展開させる

◎根拠

学生たちはよく、パラグラフの長さはどれだけあるべきですか、と質問してきます。「必要なだけ」というのが、わたしたちの答えです。

要点をずばり述べることは可能です。短い方が望ましい場合もあるでしょう。例として、すぐ前のパラグラフを見てください。言葉を濁したり、長短それぞれのパラグラフについて述べたりすることもできたでしょう。平均的なパラグラフの長さは、ページの半分から3分の2になると述べることもできたでしょう。短すぎるパラグラフはなぜ短すぎるのか、長すぎるパラグラフはなぜ長すぎるのかを、じっくり時間をかけて説明することもできたでしょう。そうする代わりに、いきなり要点に斬り込みました。このパラグラフ（どんどん長くなっていますね）では、さんざっぱら言葉を費やしましたが、わたしたちのアドバイスは変わりません。よいパラグラフの長さは、それが主要なアイディアを例証・探究・証明するのに必要な分だけ、ということになるのだと。

しかしながら、パラグラフの展開に大切なのは、長さだけではありません。長さはパラグラフの大切な特徴でさえないのです。重要なのは、パラグラフがアイディアを充分に展開すること、それも読み手が容易についていけるようにすることです。

この2点をじっくり検討してみましょう。第1に、アイディアが充分に展開したことは、どうしたらわかるのでしょうか？　トピックセンテンスがきちんと書けていれば、パラグラフがしなければならないことはなにかがわかります。たとえばトピックセンテンスが、ある虚構の人物のなかに2つの相矛盾する衝動があると明言したならば、その2つの衝動が定義・例証されるものと読み手は期待します。それには2つのパラグラフが必要かもしれません。あるいはひとつでよいかもしれません。その判断は、このことが議論にどれだけ重要であるか否かによります。もしそのことが重要であるなら、じっくりと時間をかけ、（おそらく）少なくとも2つのパラグラフを使うことでしょう。この場合、トピックセンスがひとつのパラグラフだけでなく、論文・レポートの章全体を統制しているものと理解されるでしょう。

パラグラフを書いたなら、以下の項目を自問してみてください。

- **このパラグラフのメインアイディアを支えるのに充分な根拠を示しているか？**
- **根拠は多すぎないか？**
- **この根拠は自分がパラグラフで主張しようとすることを明確に支えているか、それともただ水増ししているだけか？**

- **仮に水増ししているとしても、どうしたら読み手にその水増しはムダでないとわかってもらえるか？**
- **このパラグラフで同じことをくどくど述べていないか？**
- **パラグラフに出てくる重要な用語をすべて定義したか？**
- **「要するに、このパラグラフの目的は……である」と言うことができるか？**
- **パラグラフはその目的を達成しているか？**

◎配置

パラグラフの展開と同じくらい重要なのは、パラグラフの配置です。パラグラフは、目的が違えばそれに応じて配置されます。たとえば、映画史の論文を書いていて出来事の流れを要約したければ、情報を時系列に沿って配置するでしょう。あるショットやシーンの構成や設定を描写しようとするならば、情報を空間的に配置するでしょう。同種の他の映画からは突出している映画の要素について書くならば、具体的なことから一般的なことの順にアイディアを配置するでしょう……といった具合に。要は、パラグラフにどんな目的を担わせるかを考え、その目的を果たす構成上の戦略を編み出すことです。

◎一貫性

さて、主題も、トピックセンテンスも、そして全体を支えるトラック何台分もの根拠もそろいました。３日もかけていくつものパラグラフを書き、各パラグラフがひとつのポイントを論じ、さらにそのポイントが根拠によって充分支持されるよう気を配りました。でも、読み返してみると、ひどくがっかりします。きちんとアウトラインに従ったのに、レポートがどうもまとまっていないように感じられる。そんなときは、一貫性に問題があるのでは、と疑ってみましょう。

一貫性の欠如を見つけるのは容易ですが、それを修復するのはたやすくはありません。一貫性のないレポートには流れが感じられないものです。その主張は理解しにくいものです。読み手は議論についていくために、何度も読み返さなければなりません。なにかがうまくいってない。それはなにか？

論文・レポートの一貫性を高めるには、以下の点を心がけてください。

文の文法上の主語が、パラグラフの本来の主語を反映するようにする。パラグラフのすべての文の主語に下線を引いてみましょう。それらの主語の大半が、パラグラフの主語と一致しているか？　それとも、パラグラフの主語を、文中のたいして重要でもないところに置いていないか？　読み手はアイディアの重要性を、その置かれた位置によって判断することを忘れないように。メインアイディアが従属節内の前置詞の後ろに隠れていても、読み手があなたの言おうとすることについてこれるだなんて、本気で思えるでしょうか？　一例として、『地獄の黙示録』における音響の使われ方に関する以下のパラグラフを検討してみましょう。各文の文法上の主語には、傍線が引いてあります。

音響が登場人物たちの心理を理解する手立てとなる『地獄の黙示録』では、多くの**状況**が発生する。その秀逸な**例**は、ウィラード大尉がハノイのホテルの一室にいるシーンである。ドアーズの**曲**「ジ・エンド」がウィラードの心理的崩壊とベトナムの狂気とのサウンドトラックとなり、その一方で頭上の扇風機の音がヘリコプターの音と戦争の音と脅迫的に交わっていく。このシークエンスの一**ショット**は、叫びをあげるウィラードを映し出すが、混じり合う音のなかでその叫びは聞こえず、この沈黙がウィラードの狂気をさらに明白にする。

「状況」「例」「曲」「ショット」という4つの主語を検討してみましょう。このなかでは、「曲」だけがパラグラフの主題にはっきりと関連していますが、あとはバラバラです。では次に、以下の書き直したパラグラフを検討してみましょう。

『地獄の黙示録』では、**音響**が登場人物たちの心理を理解する手立てとなることが多々ある。あるシーンでは、ウィラード大尉の頭上にある天井の扇風機のリズミカルな**うなり**が、ヘリコプターや戦争の音と脅迫的に混じり合い、一方でドアーズの曲「ジ・エンド」がウィラードの心理的崩壊とベトナムの狂気のサウンドトラックとなっている。このシーンの終わり近くでウィラード大尉の叫びにくわわる**沈黙**は、彼の狂気をさらに明白にする。

ここでの主語「音響」「うなり」「沈黙」を検討してみましょう。関連し合う主語どうしのつながりによって、読み手は主題に集中することができます。また、書き直す前のものよりも、流れが自然でずっと一貫したものと感じられるパラグラフとなっています。

文法上の主語を一貫させること。全文の文法上の主語を、もう一度点検してみてください。異なる主語はいくつありますか？　異なる主語が多すぎると、わかりにくいパラグラフになります。

各文が前後の文を見すえていること。パラグラフを一貫したものにするには、各文がすぐ前の文と密接につながっていなければなりません。文と文とのつながりがしっかりしていないようであれば、前置きの節や句を用いて、アイディアどうしを連結します。

古いものから新しいものへと進むという原則に従うこと。文頭に旧情報を置き、文末に新情報を置くならば、2つのことが達成されます。まず、読み手がぶれることなく、既知のことがらから未知のことがらへと進むことができます。次に、読み手は文末に置かれたものに注目しがちですから、新情報が旧情報よりも重要なことを正確に感じ取ります。

繰り返しによって統一感を生む。キーワードやフレーズを適切なところで繰り返すと、読み手は一貫していると感じます。ただし、やりすぎは禁物です。読み手にくどいと感じさせてしまうからです。

つなぎ言葉を賢く用いる。ときには議論の転回を読み手に伝える必要が生じる場合があります。あるいは、あるポイントを強調したり、時系列的な関係をはっきりさせたい場合もあるでしょう。そんなときは、つなぎ言葉を用いること。以下に例を示します。

- **例をあげる：**「たとえば（for example, for instance）」
- **列挙する：**「第一に（first）、第二に（second）、第三に（third）、次に（next, then）」
- **つけくわえる：**「さらに、そのうえ、くわえて（in addition, furthermore, moreover）」
- **類似性を示す：**「もまた（also）、同様に（likewise, similarly）」

- **例外を示す：**「しかし（but）、しかしながら（however）、にもかかわらず（nevertheless）、他方では（on the other hand）」
- **因果関係を示す：**「したがって（accordingly）、その結果（consequently）、それゆえ（therefore）、……であるから（because）」
- **強調する：**「事実（indeed）、実際（in fact）、もちろん（of course）」
- **話を結ぶ：**「最後に（finally）、結論として（in conclusion）、結局のところ（in the end）」

◉序論と結論

序論（introduction）と結論（conclusion）が、あらゆるパラグラフのなかでも最も腕の見せどころとなる箇所です。なぜか？　それは、トピックセンテンスを述べ、それを支える情報を示すだけでは不充分だからです。序論と結論は、議論全体の前後関係を総合し、それを示さなければなりません。さらに、読み手に好印象を与えなければなりません。読み手をして自分のテーマに関心をもってもらうチャンスが、序論なのです。したがって、序論のパラグラフのトーンは適切なものでなければなりません。なにかを伝えるにしても、退屈させてはいけません。関心をもたせるにしても、曖昧であってはいけません。はっきりした立場をとるにしても、読み手をしらけさせてはいけません。自分の書いたものがもつトーンのニュアンスに注意しましょう。自分が望むとおりのトーンになっているか確信がもてない場合は、誰か別の人に読んでもらいましょう。

序論のトーンと同じくらい大切なのは、自分の議論をより大きなコンテクストに「置く」ことです。以下にその方法を示します。

まず自分のテーマをおおまかに述べ、それから自分の立場を明言する。たとえば、フェリーニ監督の作品における象徴主義について述べるのであれば、①まず彼の象徴主義が、多くの批評家たちのあいだで物議をかもしたことを述べ、②その問題をこれまで規定されたとおりに手早く規定し、③それから自分の主題（その問題に関する自分の立場を述べるもの）を明言します。

自分の議論に重要などんな背景的情報をも示すこと。一九六〇年代の出来事がオリバー・ストーン監督の作品にどう影響したかを探るのであれば、序論では読み手に六〇年代を大づかみに示すことになるでしょう。そうはいっても、どうでもいい些末なことを含めてはいけません。むしろ、ストーン監督におおいに影響したであろう文化的側面（ジョン・F・ケネディの暗殺、ベトナム戦争など）に重点を置きましょう。

自分の議論で用いるキーワードを定義する。一例をあげましょう。〈シネマヴェリエ〉について論文・レポートを書くのであれば、読み手のためにこの用語を定義しておくことが、絶対に欠かせません。たとえば、〈ヴェリエ〉という用語をあなたはどう理解していますか？〈リアリティ〉をどう理解していますか？　まず用語の定義からスタートし、そこから自分の議論を明快に述べるようにします。

エピソードや引用を用いる。自分の論文・レポートの要点を反映するのにうってつけな、すばらしい挿話や引用に出くわすことがときにあります。それを前振りに使うのに臆することはありません。とはいえ、そのエピソードや引用が、自分の主要な議論に明確かつ直接的に結びつくよう気をつけてください。また、そのエピソードや引用が本当にベストな書き出しか、確認すること（読み手の関心を引くためにエピソードや引用を用いながら、それが論文・レポートの要点とは明確な関係がなかったり、アカデミックとはいえないトーンになってしまうことが、非常に多い）。

反対意見も紹介し、自分と見解を同じくするものを紹介する。意見の分かれる問題について論文・レポートを書く際は、まず自分の考えとは異なる見解を要約することから書き出すのがよいでしょう。逆に、自分と同じ見解の学説を要約するのもよい。そうしてから、反対意見とは異なる自分自身の立場を述べるのです。いずれにせよ、進行中の議論に自分も明確にくわわること。

序論によってあなたの議論が読み手に与える第一印象が決まることを、お忘れなく。文章にはとことんこだわって、興味深い文章にしてください。また、読み手が何者であるか、どのような背景をたずさえて読解に臨むかを、じっくり検討してみてください。読み手がテーマに関する知識を充分もち合せているのなら、背景情報をふんだんに提供する必要はありません。逆にそれほど知識をもち合せていないのであれば、用語の定義にはいっそう注意する必要があります。

最後になりますが、序論以外の部分を書き上げてから序論を書くのもありですね。第1稿を書き上げてみたら、自分のテーマがよりよく把握できたという書き手は多いものです。この「よりよい把握」が、的確で説得力に富み、興味深く明快な序論を組み立てるのに役立つのです。しかし、ここで注意が必要です。序論や主題文にくわえるいかなる変更も、その後に続く文章に影響します。序論に新たなパラグラフをくわえるだけでは、「完成した」論文・レポートは生まれません。

同様に、結論を書くのもむずかしい。どうしたら自分が述べたことで、読み手を説得できるのでしょうか？　論文・レポートの要所々々がしっかりしたものであっても、全体の結論がまずいようでは、議論の効果もはかなく消えようというもの。

学生の多くは、すでに述べたことをただ要約するだけで論文・レポートを終えようとします。読み手が読んだばかりのことを要約するのは、結論としては大切です――議論がこみ入っていたり、多くのことがらをカバーしていたりする場合に、とくにこのことが言えます。ですが、すぐれた結論はそれ以上のものなのです。序論が論文・レポートをテーマに関する進行中のより大きな議論に置くように、結論もその議論に読み手を引き戻そうとしますが、そこには読み手がなにかしら新しいことを知ったという感覚がつけ加わってほしい。読み終えた読み手に、「だからどうした？」とは言われたくないもの。ことほどさように、結論を書くのは容易なものではありません。

序論をよいものにする方法の多くが、結論をよくするうえでも役立ちます。結論では以下のことを試みるとよいでしょう。

- **進行中の議論に戻り、自分がその議論にどう貢献したかを強調する。**
- **執筆開始時の背景知識を再度とりあげ、その知識を自分の議論がどのように新たな観点から見直したかを示す。**
- **キーワードに戻り、自分の論文・レポートがどのように新たな意味をくわえたかを指摘する。**
- **メインアイディアを要約したり反映したりするエピソードや引用を用いる。**
- **（反対意見を首尾よく打ち負かしたのであれば、そのことを強調するために）反対意見を紹介する。**

結論部では、言葉づかいがことのほか大切です。このことを覚えておいてください。末尾の文章であなたがめざすべきは、読み手の心にあなたの主張が鳴り響くことです。読み手に考えるタネを差し伸べてください。あなたの言葉を相手の心に響かせるのです。

第9章　文体に気を配る

9 Attending to Style

よい文体は、見ればわかるものです——そしてよい文体は、心の耳で〈聞く〉ものでもあります。文章が読みづらいときは、それもわかります。しかし、とんでもなくひどい文章はすぐにわかるものですが、ある文章（とりわけそれが文法的には問題がない場合）がなぜよくないかを説明するのは、容易ではありません。文章を吟味する。コンマは適切なところで打たれている。これといった間違いもない。なのにその文章は、なぜまずいのか？　どこで失敗しているのか？

よい文章とはなにかを考えるには、自分を読み手の立場に置いてみること。読み手は文章になにを求めているのでしょうか？　情報？　そうですね。説得力？　たしかに。ですが、もっと大切なのは、明晰さです。読み手は文章と格闘することなど望んではいない。読みやすさを求めているのです。ポイントのうえにポイントが組み立てられていることを求めています。苦労せずに、あなたの言葉が強調する点やあなたの主張の重要性を、知りたいと願っています。そしてなによりも、書き手であるあなたがきちんと仕事をしていると感じたいと望んでいます。要するに、説得力に富み、ストレートで、明晰な文章を読みたいと願っているのです。[2]

（2）本章で示される文体指導の方法は、ジョゼフ・ウィリアムズ（Joseph Williams）とその著作に負うところが大きい。文体についての基本原則をとことん知るには、その著書『文体——明晰さと優美さのレッスン（*Style: Lessons in Clarity and Grace*, 10th ed.）』(New York: Pearson Longman, 2010) を参照のこと。

◉文の基本原則

◎動作主と動作に着目する

よい文とはなにかを知るには、ある原則を理解することが大切です。すなわち、文とはそのまさしく基本レベルにおいて、動作主（actor）と動作（action）にかんするものだ、ということです。ですから、文の主語は動作主を明確に示し、動詞はその動作をきちんと示さなくてはいけません。

この原則はあまりに自明なので、これ以上の説明は必要ないと感じるかもしれません。しかし、よく考えてみてください。次の文を読んで、なにが要するによくないのか指摘してください。

　フラッシュバックの手法を用いるのは脚本の弱点の表われではないかという疑問が、ある脚本家たちの心中に存在する。

この文には文法的な誤りがありません。ですが、これといった力点もなく、もっさりしています。どれが動作主なのでしょうか？　動作はどれなのでしょうか？

では、次の文を見てください。

　脚本家のなかには、フラッシュバックの手法はよくない脚本を意味するのではないか、と疑問を呈する者がいる。

どんな変更がくわえられたのか？　あからさまな変更を指摘するなら、「存在する（there is）」という空疎なフレーズが削られ、「表われ」という抽象的な名詞がもっとはっきりした「意味する（signify）」という動詞に置き換えられ、もうひとつの抽象名詞である「弱点（weakness）」が形容詞「よくない（weak）」に置き換えられています。また、原文の英語では、抽象名詞が必要とする前置詞はすべて削られています。こうしたいくつもの変更の背後にある原則とはなにか？　すでに述べたとおりです。すなわち、文の〈動作主〉が文法上の主語として働き、その〈動作〉は文の動詞によってなにがなんでも示されなければならない、ということです。

自分の文章がまぎらわしいとかわかりにくいと感じたなら、すぐに動作主とその動作を特定してください。動作主はきちんと文の主語になっているか？　その動作は動詞によってはっきりと関連づけられているか？　そうなっていないのなら、しかるべき文章に書き直してください。

◎具体的に書く

学生たちには抽象名詞に依存しすぎる傾向があります。動詞「予期する（expect）」のほうがはっきりしているのに、「予期（expectation）」を使いたがります。「評価する（evaluate）」と書いたほうがはっきりするのに、「評価（evaluation）」を使おうとします。ではなぜ、動詞のほうがよい場合にも、抽象名詞を使おうとするのでしょうか？　その理由は、抽象名詞のほうが「アカデミック」な感じがすると考えているからです。しかし、抽象名詞を多用すると、読み手を混乱させるおそれがあります。また、統語的にも自分自身を追いつめてしまいます。以下のことがらを検討してみてください。

名詞は前置詞を必要とすることが多い。英文の場合、前置詞（句）が多すぎる文はわかりにくいものです。一方、動詞はそれだけで足ります。動詞はより明快です。あなたの邪魔をしたりしません。その証拠に、以下の文を検討してみてください。

われわれの編集作業に先立って（prior to）、監督による（by）撮影映像の評価が必要である。

名詞が前置詞を必要とすることに注意してください。では次に、動詞を用いた以下の文を検討してみましょう。

われわれが編集する（edit）前に、監督が撮影映像を評価し（evaluate）なければならない。

この文では名詞と前置詞が少なくなり、ずっと読みやすくなっています——おまけに、前の例文にあったすべての情報をきちんと伝えています。

抽象名詞はしばしば「……が存在する（there is）」構文を招く。次の文を検討してみてください。

演劇専攻の学生がこれまで経験したことを用いて自分の役に感情を込めることを教えられるという、コンスタンチン・スタニスラフスキーが考案した演技方法が存在する。

この文は次のように書き換えることができるでしょう。

俳優にこれまで経験したことを用いて自分の役に感情を込めることを教える方法を、コンスタンチン・スタニスラフスキーは考案した。

ここでも書き直したもののほうが、ずっと回りくどくなく、読みやすいものになっていますね。

抽象名詞は、やはり抽象的である。抽象名詞をあまりに多用するならば、文章はなんだか根拠に乏しいものになってしまいます。たとえば、「虚偽（falsification）」「端麗（beauteousness）」「空疎（insubstantiality）」といった語は、もったいぶったうえに曖昧です（もっとも、少しばかり滑稽で自嘲的な効果をねらっているのであれば、これこそドンピシャリなのかもしれませんが）。しかし、そもそもひとはこんな話し方をしたりしません。こんなことはやめにして、明快な動詞に具体的な名詞を用い、自分の考えを伝えるようにしましょう。「嘘（lying）」「美（beauty）」「浅はかさ（flimsiness）」といった語のほうが、人びとのリアルな話し方を反映しています。こうした語は、その語自体に余計な注意を払わなくとも、その意味をずばり示しているのです。

抽象名詞はロジックを曖昧にする。次の文のロジックを追うのがいかに困難か、注意して読んでみてください（動詞や形容詞に書き換えられる名詞は太字で示してあります）。

役作りのために体重を増やすことに対する**忌避**にもとづく俳優の**解雇**に関する**決定**は、監督に委ねられている。

この文を書き直すと、

俳優が役作りのために体重を増やすのを拒否する場合は、監督がクビにするか否かを決めねばならない。

例外：抽象名詞が必要な場合

場合によっては抽象名詞が必要となることがあります。（「こうした議論」「この決定」などのように）すぐ前の文を指す場合がそうです。また、より簡潔になる場合（例：「彼女が主張したこと」よりも「彼女の主張」）もそうです。さらに、抽象名詞（例：「自由」「愛」「革命」など）が自分の議論にとって重要な概念である場合も然り。それでもやはり、自分の文章を仔細に見てみると、おそらくは抽象名詞の使いすぎに気づくでしょう。不要な抽象名詞を削ることで、引き締まった「達意の」文章が出来上がります。

◉簡潔に書く

学生の書いたものを読んでいて、いちばんもどかしいこと。それは、大半の学生が、簡潔に書く方法を知らないということです。1語ですむところにいくつもフレーズを使ったり、形容詞や動詞がひとつですむところをいくつも重ねたり、2度も3度も同じことをくどくどと書いたり。きっと、そんなふうに何度もポイントを繰り返せば、読み手に印象づけられる、と思っているのでしょう。

そんなバカげたことはやめよう！　余分なものには容赦しない。そうすれば文章から語やフレーズをどんどん削れるようになります。

「実は（actually）」「基本的に（basically）」「一般的に（generally）」といった言葉が本当に必要か？　必要でないとしたら、なぜそこに書かれているのか？　1語で足りるのに2語を使っていないか？　「まず第一に（first and foremost）」というフレーズは余計ではないか？　「今後の予定（future plans）」の「今後（future）」はなんのため？　「私の考えでは（In my opinion）」と繰り返すのはなぜ？　読み手はあなたの論文・レポートだと、きちんとわかっているのですよ。このように「私」に注意を向けさせることで、「私」のポイントはより強調されるのか（逆効果となって、危なっかしいものと取られるのでは）？

いくばくかの単語やフレーズを削除するだけでは、冗長な文を直せないことがあります。つまり、文全体をそっくり書き直さないといけない場合です。次の文を例にあげましょう。

剽窃とは、学術上のキャリアに深甚に影響する停学や退学などを含む懲戒を招く、深刻な学術的違法行為である。

ここで言われていることはシンプルです。すなわち、「剽窃とは深刻な結果を伴う深刻な違法行為である」ということ。なぜそう言わない？　臆することはありません。あなたの考えをコンテクストに結びつけさせる。これを読み手に任せるのです。よい文章とは、協調の感覚、すなわち点と点とを結ぶのを委ねられているのだという感覚を、最も心地よいレベルで読み手に与えるものなのです。

◉一貫性をもたせる

本章では文体を論じていますが、ここで文のレベルを超えて、文どうしがどのように結合するかをみていくことにします。一貫性（というか、その欠如）は、学生の論文・レポートでよくみられる問題です。すべてのアイディアがそこに述べられていながら、話の筋を追うのが困難な論文・レポートにお目にかかることがあります。どうやら文章が支離滅裂なのです。ロジックの流れは、あくまでまっすぐでなければいけません。書いた学生は、もっと読みやすいものにできなかったのでしょうか？

一貫性の問題とはその対処が複雑で困難なものですが、文章が「流れる」ようにするヒントをいくつか教えましょう。それは、「古いものから新しいものへ」というシンプルな原則に従うことです。言い換えるなら、大半の文は、古いもの（前の文を見すえるもの）からはじめることです。そうしてから、なにか新しいことを読み手に伝えるようにします。こうすれば、読み手はロジックの流れを追いやすくなります。

このアドバイスはシンプルに思えるかもしれませんが、なかなか実践しにくいもの。どうしたら文章がうまく「流れる」かを理解するために、分けて考えてみましょう。

まず、文章のはじめの部分を検討してみてください。論文・レポートの一貫性は、文章のはじめによって大きく左右されます。かのメアリー・ポピンズも彼女の名前を冠した映画のなかで、「はじめよければ半ばよし」と言っていますが、この場合（いや、あらゆる場合も）彼女はまったく正しい。

文を書きはじめるのはきつい仕事です。以下の3つのことを検討してください。

1　自分のテーマは文の主語にもなっているか？　文が一貫性を欠いているとしたら、たいていの場合その理由は、書き手の不注意によるものです。つまり、文のテーマを文の文法上の主語にすることを怠ってしまったのです。たとえば、もしサイレント映画におけるクローズアップの重要性を主題とする文を書くのであれば、文法上の主語はそれを反映したものであるべきです。

サイレント映画の俳優の**表情**は、そのボディランゲージよりも重要であった。

一方、主題を従属節に埋め込んだらどうなるでしょうか。

サイレント映画のスターの登場、これは**彼らの表情によって**起きたものであり、ボディランゲージの使用によるものではなかった。

文の要点や焦点が曖昧になってしまいますね。

2　文章のテーマ・主題は一貫しているか?

パラグラフを一貫したものにするには、主語の大部分が同じでなければなりません。一貫性をチェックするには、パラグラフをひとつ取り出し、全文の主語をリストアップしてみるとよいでしょう。主語のいずれかが、場違いになってないか? たとえば、サイレント映画についての論文・レポートで、クローズアップの重要性のことを書くのであれば、文の主語の大半がパラグラフの主題を反映しているかを確認しましょう。いくつかの文が、それ以外の話題(たとえば、「ジェスチャー」「ボディランゲージ」といったもの)を文法上の主語とするという脱線をしていませんか? チャーリー・チャップリンやバスター・キートンといったサイレント映画スターの体を張った喜劇が自分の論文・レポートで実際に主要な位置を占めているとしても、文の主語があまりに多くの対立するアイディアを指し示すようでは、読み手は混乱してしまいます。一貫性が生まれるよう文を(おそらくはパラグラフを丸ごとを)修正しましょう。

3　適切な箇所で、アイディアからアイディアへの移行を示しているか?

一貫性のあり無しは、直前の文にどれだけうまく次の文を続けるかにかかっています。それには「しかしながら(however)」や「それゆえ(therefore)」といった言葉を使い、文と文の間のつながりを確固たるものにすること。また、重要なことや残念なことがあるのなら、その都度そのことを読み手に伝えること。そんなときは、「ここで注意すべきは……である(note that...)」や「残念ながら(unfortunately)」といった表現が使えます。議論のなかで、時間関係や場所を示そうとする場合もあるでしょう。そういう場合は、「次に(then)」「あとで(later)」「先に(earlier)」

「前段落で（in the previous paragraph）」といったつなぎ言葉を使います。とはいえ、つなぎ言葉は使いすぎないように。つなぎ言葉だけによって読み手は議論を追っていく、と考える書き手もいます。たしかに、「しかしながら」がなければ、パラグラフの意味が通じないことだってあります。ですが、一貫性の欠如という問題は、つなぎ言葉の不足によるよりも、書き手がアイディア間のつながりを自分でもうまく処理できなかったという事実による場合のほうが多いのです。支離滅裂な文章を意味が通じるよう直す際、つなぎ言葉だけに頼ってもダメなのです。

◉メリハリをつける

ここまでどのように文をはじめるかを述べてきました。では、どのように終えるかについてはどうなのでしょう。文のはじまりがすでに書かれたことを肩越しに見渡さねばならないとしたら、文の終わりは新たな地平へと歩みを進めるものであらねばなりません。だとすれば、勇敢かつ断固としていなければならないのは、文末です。文章の組み立てては、文末が効果絶大でなければならないのです。

メリハリをつけるには、以下の原則に従ってください。

文末で重要なアイディアを明言する。それほど重要でないアイディアは前に移しましょう。

文末を引き締める。無意味なことに逸れたり、くどくど繰り返したり、必要もないのに修飾するのは禁物です。ただ自分のポイントを述べて、先に進むこと。

従属的なアイディアは従属節で。重要なアイディアはすべて主節で述べ、それほど重要でないアイディアは従属節で述べること。重要度が同じ2つのアイディアを同一の文内で表現したい場合は、並列構造かセミコロン（；）を使います。これら2つの巧妙な技法は、重要さが同程度のアイディア間のバランスをとるうえで、他のどんな技法よりも役立つことでしょう。

◉コントロールを維持する

文章がだらだらと続くようだと、書き手がコントロールできなくなったのだと読み手は感じとります。文章の指揮をとりましょう。自分の論文・レポートを読み直す際は、延々と終わらない文がないか点検すること。あなたはまず、そうした長い文を2つ（あるいは3つや4つ）に分割したい衝動に駆られるかもしれません。このシンプルな解決策は、しばしばうまくいきます。ですが、このやり方がベストでないことだってあります。つまり、短いぶつ切れの文になりかねないのです。おまけに、いつも文を分割しているようでは、長くて複雑な文を書く方法を学ぶことができません。

やたらと長い文があったらどうしますか？　まず、文のポイントを検討しましょう。たいていの場合、その文はポイントが2つ以上あるのであって、ポイントを整理すれば文法も整理されます。自分が述べようとするポイント、それぞれのポイントの重要性、そしてポイントとポイントとの関係をじっくり検討しましょう。そうしてからどんな文法構造が自分の目的にいちばん適っているかを判断してください。

どのポイントも重要性が同等の場合　等位接続詞（「そして（and）」「しかし（but）」「または（or）」）やセミコロンを使って、アイディアとアイディアとをつなぎます。並列構造が適切な場合は、それを使うようにします。

各ポイントの重要性が同等でない場合　従属節（「……であるけれども（although）」「……の一方で（while）」「……であるから（because）」など）か、関係節（what, which）を使ってアイディアとアイディアとをつなぎ、それほど重要でないアイディアは従属節に収めてしまいましょう。

ポイントをひとつくわえると興味深い話になる場合　文中の適切な位置で、そのポイントをコンマ、ダッシュ、さらにはカッコなどで囲みます。

アイディアを同じ文に入れるのが適切でない場合　2つの文にしましょう。

◉美しく書く

書き手としてのあなたは、論文・レポートがよく書けていながら、もっとよく書けていたはずではないかと感じることがあるでしょう。そんな幸福な瞬間には、バランス、並列構造、メリハリ、リズム、語の選択といったことがらに注意を向けたくなることでしょう。このような修辞上の技法に関心があるのなら、次にあげるすばらしいスタイルブックのいずれかを参照してください：ジョゼフ・ウィリアムズ著『文体――明晰さと優美さのレッスン（*Style: Lessons in Clarity and Grace*）』、ウィリアム・ストランク・Jr.とE・B・ホワイトによる共著『文体の要素（*The Elements of Style*）』、ジョン・トリンブル著『文体を伴って書く（*Writing with Style*）』。これらの書籍のどれをとっても、貴重なアドバイスがたくさんみつかることでしょう。

第10章　推敲する

10 Revising Your Work

◉推敲する理由と方法

パソコンで文章を書くわたしたちのほとんどが、推敲とは進行中の——絶え間ないとさえいえる——プロセスであることを知っています。削除キーを押すごとに、カット・アンド・ペーストをするごとに、コンマを取り去るごとに、単語を入れ替えるごとに、推敲がなされているのです。

しかしながら、本当の推敲とは、そこかしこになにがしかの変更をほどこす以上のことを意味します。本当の推敲では、読んで字のごとく、「もうひと推（お）したり敲（たた）いたり」することが必要となるのです。すなわち、自分の論文・レポートの部分々々（ときには全体のことさえあるでしょう）を再考し、書き直すという事態に、虚心に向き合うことが求められるのです。

こうした心境に達するのは容易ではありません。第1に、自分が書いたものに強い愛着を覚えるからです。パラグラフの3つや4つはおろか、単語ひとつさえ変えたくないと思うかもしれません。第2に、時間の問題があります。論文・レポートを大幅に書き換えなければと感じたとしても、明日が提出日だとか、物理学の試験があるとか、風邪をひいてしまい安眠が必要だということだってあります。第3に、自分の論文・レポートのまずいところがはっきりしない、という場合もあるでしょう。最後に、ただもう論文・レポートに辟易（へきえき）してしまった、ということだってあるでしょう。疲れてへとへとだというのに、どうしてまた見直せるものか？　推敲のプロセスに、なんでまたわずらわされる（あるいは打ちのめされる）ことが必要なのか？

もちろん、推敲にはその苦労に見合うだけの価値があるのです。論文・レポートを推敲すれば、よりよい成績が期待できるのですから。すぐれた読み手は、一片の書き物が徹底して検討に検討を重ねられたものか、たちまち嗅ぎとります。この検討（と配慮）に教授が気づかないはずがなく、それはきっと報われるのです。

ですが、成績よりも大切なのは、論文・レポートを推敲すると、書き手として成長することです。書くとは書き直すことなり。プロの書き手はこのことを熟知しています。推敲の過程で、読解のスキルと分析のスキルが鍛えられます。自分自身の考え方に挑み、そうすることで自分の主張を強化できるようになります。自分の書いたものの弱点をみつけられるようになります。自分の論文・レポートを台無しにする誤りのパターンや構成上のクセに気づくことだってあるでしょう。

推敲には時間とエネルギーを要しますが、やがてもっと効率的な書き手になる手助けもしてくれます。たとえば、推敲のプロセスを通じ、自分にはトピックセンテンスをパラグラフの真ん中あたりに埋め込む傾向があると気づいたなら、次に論文・レポートを書く際には気をつけるようになるでしょう。そうしたミスをもうしなくなるかもしれません。

「なぜ推敲をしなければならないのか？」という疑問には、これで答えたことになるでしょう。次なる疑問は、もちろん「どのように？」です。推敲には、以下のものを含め、実にさまざまなタイプがあります。

大規模な推敲。大規模な推敲とは、全体を見直し、変なところがないかを探すことです。根拠を示したり、用語を定義したり、自分のロジックにまったく新たなステップをくわえたりすることが必要になったりします。面白いと感じられる新たなアイディアがみつかったり、すでに用いている構成よりももっと効果的なものがみつかったりしたら、論文・レポートをそっくり組み直したり書き直したりする判断もしなければなりません。

小規模な推敲。自分の論文・レポートの一部がうまくいっていないと思ったら、小規模な推敲をほどこす必要があります。序論に手直しが必要なのかもしれません。主張の一部が弱いのかもしれません。問題の所在が明らかになったなら、その部分の推敲に専念します。それがすんだら、論文・レポート全体を再検討するとよいでしょう。自分がほどこした推敲が、全体の文脈においてうまく機能しているかを確認するためにです。

編集。学生たちは編集と推敲を混同することが、あまりにも多い。両者は同じ作業ではありません。編集とは、テクストの軽微な問題――単語や文を削ったり、パラグラフをカット・アンド・ペーストしたりすれば直るような問題――を発見するプロセスです。編集では、読み手への配慮をします。自分では書いたものに満足していても、読み手はそれを明晰で、読みやすく、興味深いと感じてくれるか？　どう書き直したら、より明晰にして簡潔、そしてなにより読んで楽しいものになるのか？

最もすぐれた書き手は、ここにあげたすべての方法で推敲します。こうした推敲のさまざまなレベルをやり繰りするには、論文・レポートに早めに取り組むことが非常に大切になってきます。大規模な推敲が必要となったときに、その時間をひねり出すためにです。また、すぐれた書き手は、推敲とは第1稿の完成後だけにするものではなく、継続しておこなうものだと考えています。たとえば、第1稿の途中で自分が立ち往生していることに気づいたなら、自分がそこまでに書いたものを検討しようとします。読み進めるにつれ、自分の主張の成否に不可欠なポイントを述べてなかったことに気づく。そんなときは、書いたものを推敲し、そのポイントを明確にします。しまいには、「にっちもさっちもいかない」状態が消え失せていることに気づきます。どうしてかって？　たぶん、自分の身動きを封じていたものとは、そもそもがあなたの主張の欠陥だったからです。あるいは、脳が一服したせいかもしれません。いずれにせよ、原稿書きの途中で推敲のために立ち止まることが、賢明な結果を招くことは多いのです。

◉批評眼を養う

なにをどのように推敲するのか、という疑問にまだ答えていませんでしたね。批評眼を養うことは、推敲のプロセスでも最もたいへんな作業です。でも、批評眼が身につけば、今よりもすぐれた書き手、読み手、思考力のもち主になれるのです。自分の書いたものを客観性――これが欠かせない――をもって眺める方法をじっくり考えてみるのは、それだけの価値があることなのです。

批評眼を養う第一歩は、自分の書いたものから距離を置くことです。執筆作業をきちんと準備したのであれば、1日や2日の余裕が残っているはずです。それがかなわないなら、ビデオゲームや印刷原稿を受け取りに行く1時間でも、頭をクリアーにするのに充分でしょう。注意が他に移っていても、心は論文・レポートに取り組み続けていると感じる書き手は多いものです。自分の書いたものに戻るころには、新鮮な目で眺められます。また、虚心坦懐になるものです。

自分の論文・レポートに戻ったら、まずすべきはそれが全体として自分の（そして教授の）期待に応えているかを確認すること。立ち止まることなく全体を通読しましょう（問題のありそうなパラグラフにこだわるのは禁物です）。次に、以下のように自問してみてください。

きちんと課題をこなしたか？ 課題について教授が指示を与えているのなら、再読し、論ずべきことすべてを論じたかどうかを検討しましょう。自分の論文・レポートは、課題から外れていないか？ もしそうなら、自分の議論を課題に関連づけていないか、あるいは思いがけないところで議論しているのでは？　教授がはっきりと指示を出していないのであれば、少し時間をとって、教授がなにを期待するのか考えてみましょう。どんな本を読むよう教授は言いましたか？　あなたのテーマについて、教授はどのような姿勢をとっていますか？　教授はなんらかの学術的手法（フェミニズムやマルクス主義など）を強調したでしょうか？　教授は自分の分野の研究方法について、なにかあなたに伝えましたか？　あなたの論文・レポートは、教授が授業で語っていたことに合致しているでしょうか？　あなたの論文・レポートには、他の学生たちにとって、関連性があるとか興味深いと感じるようなことが書かれているでしょうか？

自分が述べようとしたことをきちんと述べているか？

おそらくこれは、推敲のプロセスにおける最もむずかしい自問でしょう。われわれの多くは、自分が言おうとしたことをきちんと言ったと考えるものです。自分が書いた論文・レポートを読むと、その議論に存在するいかなる矛盾点も、心中にある情報で解消できるものです。問題なのは、読み手がその心中に同じ情報をもっているわけではない、という点です。それゆえ、推敲時に取り組まなければならないのは、自分が「言おうとした」ことをいったん忘れ、実際に自分が「書いた」ところのものだけを検討することです――言おうとしたことは、まさにそのページのその言葉のなかに存在するのです。自分が述べたことをじっくり考えてみるのは、非常に大切なことです――と同時に、自分が述べなかったことについても、同様にじっくり考えてみましょう。次のように自問してみましょう。自分は明晰であったか？　自分が使った用語を定義する必要はないか？　議論のどの段階も、明快に表現されているか？　自分のアイディアとアイディアとを適切なつなぎ言葉でつないだか？　自分のロジックはしっかりしたものか――誰の目にも明らかか？　以上の質問でどれかひとつでもノーと思えるなら、書き直したほうがよいでしょう。

自分の論文・レポートの強みはなにか？　批評眼を養うには、うまく書けなかったことを知るのと同様、うまく書けたことを知るのも同じくらい大切です。そこで、うまく書けたことをリストアップするとよいでしょう。自分でも気に入っているとか、これは最高というパラグラフを、選び出しておくのです。よいパラグラフ、文、アイディアがあったなら、なぜそれがよいのか考えてみてください。そうすれば、よい執筆とはなにかが理解できるだけでなく、自分を誉めてあげられます（推敲の作業では、とても大切なことです）。

自分の論文・レポートの弱点はなにか？　弱点を探すのは、強みを探すことほど楽しいものではありません。ですが、推敲の作業には必要なのです。ここでもやはり、自分がうまく書けなかったと思うことをリストアップします。それもできる限り具体的に。たとえば、「パラグラフの問題」ではなく、「パラグラフの統一性についての問題」とか、さらに具体的に「第3、第4、第12、第13のパラグラフのつながりについての問題」というふうに書きましょう。また、どのパラグラフ（または文）がいちばん気に入らないのかを、無理を承知で判断しましょう。なぜそれが気に入らないのかを考え、書き直してください。それから論文・レポート全体を見直し、そうした箇所が他にもないか探してみてください。

◉自分の書いたものを分析する

論文・レポートの強みと弱点を検討するならば、自分の書いたものの分析をすでにはじめたことになります。分析の作業とは、アイディアや議論を部分々々に解体し、それぞれの真価を評価することです。ですから、論文・レポートを分析する際は、それを部分々々に解体し、自分の心に描いた論文・レポートを下支えしているかどうかを自問することになります。

以下のチェックリストは、すでに述べたアドバイスを繰り返して述べたものです。自分の論文・レポート全体の分析に使ったり、どの部分がうまくいかなかったかを考えるのに役立ててください。

序論をチェックする

- 研究論文を書いているのであれば、自分の立ち位置を序論できちんと述べているか？
- 研究論文でないのなら、序論はコンテクストを確立しているか？
- 序論は重要な用語をすべて定義しているか？
- 序論は読み手を引きつけるものになっているか？
- 序論は読み手を惑わせることなく自分の主題に誘導しているか？

主題をチェックする

- 主題は自分が述べたいことをきちんと述べているか？
- 主題は検討に値する主張をしているか？「それがどうした？」といった質問にも、胸をはって答えられるものであるか？
- 主題は読み手に、論文・レポートの構造を相当程度感じさせるものとなっているか？
- 論文・レポートは、主題が述べると約束したものをきちんと述べているか？

構成をチェックする

- 書き上げたばかりの論文・レポートのアウトラインを作ってみよう。そのアウトラインは自分の意図を反映しているか？

- そのアウトラインはつじつまが合っているか、それともロジックにギャップ（読み手に心がまえができていないような飛躍を求めている箇所）がないか？
- アウトラインの各ポイントは適切に練られたものか？
- 各ポイントは同等に練られているか？　すなわち、全体としてバランスがとれているか？
- 各ポイントには関連性があるか？　興味深いものか？
- 主題文とすべてのトピックセンテンスに下線を引いてみよう。次に、それらをカット・アンド・ペーストしてパラグラフを作ってみよう。そのパラグラフは整合性があるものか？

パラグラフをチェックする

- 各パラグラフには、それを統制するトピックセンテンスがあるか？
- パラグラフ群は内的に一貫しているか？
- パラグラフ群は外的に一貫しているか？　すなわち、パラグラフどうしを適切につないでいるか？　各パラグラフは、主題にはっきりと関連しているか？

自分の主張とロジックをチェックする

- するに値するような主張を本当に示しているか？　それともたんなる一連の観察や要約になっていないか？
- 自分の主張に欠陥はないか、説得力のあるものになっているか？
- 対立する見解を公正にあつかっているか、それとも自分の主張が弱まってしまうことをおそれ、他にも成立しそうな主張に言及するのを怠っていないか？
- 自分の主張に充分な根拠を与えているか？

結論をチェックする

- 結論は、論文・レポートの主要なポイントを要約しているか？
- 結論は適切なものか、まったく新たな考えを導入していないか？
- 言葉は心に響くものか、それともピンとこないものになっていないか？
- 言葉をおおげさにして、空疎で効果のない結論に膨(ふく)らませていないか？
- 結論は、思考を促すなにかを読み手に残すものになっているか？

提出前の最後のステップは、全体を通して文法・綴り・句読点が正確で、適切な書式を用いているかを確認することです。こうした細々としたことがらには、どうでもよいじゃないかとじれったくなるかもしれません。でも、読み手はこの種の誤りにだんだん辛抱できなくなるものです。誤りさえなければ、よくできた論文・レポートであったかもしれないのに、もったいない。必ずじっくり時間をかけて校正してください。

校正の際には、読むスピードを落とし、すべての単語、すべてのフレーズに目をとめるようにします。自分が「意図した」ことだけでなく、実際に「書いた」ことを自ら眺め耳にするには、声に出して読むのが最も効率的な方法です。パソコンのスペルチェック機能は編集者ではありませんから、ご用心。たとえば、自分ではfromと打ったつもりなのにformと打ったとしても、スペルチェック機能はこれを見逃してしまいます。読みながら、ありがちな誤り（つづりの誤り、主語と述語の不一致、代名詞がなにを指すのかはっきりしない、itsとit'sの混同、theirとthereの混同など）がないかチェックします。時間に余裕があれば、誰かに読んでもらい、その意見に耳を傾けましょう。校正とは、クロスワードや数独パズル、すなわち解くべきパズルのようなもの。あなたの文章には、間違いなく誤りが潜んでいます（プロのもの書きだって、自分の書いたものを校正すると誤りをみつけます）。誤りを探し出し根こそぎにするのが、あなたのミッションです。

また、書式を正しいものにすること。先生のなかには、ページの構成、フォントの選択、マージンの設定、ページの番号づけ、脚註などについてはっきり指示する者もいます。そうした指示には注意深く従うこと。先生が指示を出していない場合は、『ＭＬＡハンドブック』（人文系の書き手にはスタンダードな参考資料）を参照し、具体的なアドバイスを探しましょう。先生は中身がよく書けているだけでなく、美しく作成された論文・レポートに高い評価を与えるものです。アカデミック・ライティングでは、「美」とはシンプルさと同義語です。すなわち、必要もない飾り、凝ったフォント、書き手の声やその思考の明晰さから読み手の気をそらすものは、一切不要なのです。

※つづく第３部「参考資料　図解による映画用語解説」は、横組の構成となるため、226ページからはじまります。

第❸部

参考資料

原書ではアルファベット順であるが、本書では訳出にあたり、五十音順に配列してある。

Part 3: Resources

図解による映画用語解説

【ア】

アイライン・マッチカット（eye-line match cut） 登場人物が見ているものを連続して示す編集技法。① 登場人物の顔をその目がはっきり見えるように撮り、② 次に登場人物が見ているものを撮って、これら2つのショットをつなぐ。2つめのショットで別の登場人物が最初のショットの人物を見返しているのであれば、できあがるアイライン・マッチカットと後続のショットは、両者が近接してやりとりをしていることを明示する。スクリーン上には1人の人物しか映っていなくても、このことがいえる。

▲『情熱の航路（*Now, Voyager*）』（1942）での連続したアイライン・マッチカット。ベティ・デイヴィスとポール・ヘンリードの視線を結び、感情の高ぶりから生まれる親密さを強調している。

アイリス（iris） (a) 覆いで作成した円形の切り抜き。フレーム内に別のフレームができあがる。(b) カメラのレンズを通過する光量を制限するための調整可能な絞りのこと。〈アパーチャー〉も参照のこと。

アイリスショット（iris shot） ワイプ線が円となっているワイプ効果のこと。カメラの絞りにこの呼び方が由来する。アイリスインは、小円に始まり、部分的もしくは完全な円へと拡大していく。アイリスアウトは大円に始まり、小円か完全な黒画面へと縮小する。

▲チャールズ・ロートン監督『狩人の夜（*The Night of the Hunter*）』（1955）でのアイリスショット

アイレベル・ショット（eye-level shot） カメラが被写体の目の高さに据えられたアングル（大半のショットで使われる標準的なアングル）。カメラがナレーターとして機能する場合、アイレベルのアングルはスクリーン上の行為を中立的に眺めたものとして機能する。ショットが登場人物の視点を表わす場合は、その人物がなにをどのように見るかを示す自然なアングルとなる。映画製作者がこの「通常かつ自然な」視点から逸脱するならば、カメラアングルはたちまち多様な表現意味を帯びる。

▲ジョン・ヒューストン監督『マルタの鷹（*The Maltese Falcon*）』（1941）でのアイレベル・ショット

アウトテイク（outtake） ラフカットでもファイナルカットでも使用さ

れなかったが、整理・保存されるフィルムのこと。

アクション軸（axis of action） あるシーンで２人の人物を結びつける仮想のライン。カメラがこの２人の人物のショットを捉えられるような 180 度の空間を規定する。〈180 度システム〉も参照のこと。

アスペクト比（aspect ratio） 映画フレームの二次元的関係性。すなわち縦横比のこと。

1.375:1

『グランド・ブダペスト・ホテル（*The Grand Budapest Hotel*）』（2014）にみる、３種のアスペクト比：1.375:1（アカデミー比）; 1.85:1（ワイドスクリーン）; 2.35:1（シネマスコープ・ワイドスクリーン）

1.85:1

2.35:1

アドリブ（improvisation）（a）俳優による即興の演技。すなわち、台本にゆるやかに依拠するだけの台詞や、リハーサル前の台本読みによる準備を欠いた台詞を口にすること。（b）その場しのぎの「言い繕い」。すなわち、俳優が台詞を忘れたり噛んだりするといった失敗をした際に、台詞を即興でこしらえてその場をやり過ごすこと。

アニメーション（animation） 人物や場面を表わす絵図、コンピュータモデル、写真を用いて動画を製作するプロセス。方法としては、実写の静物を使った人形アニメーション（stop-motion animation）、カートゥーン（cartoon）、デジタル・アニメーション（digital animation）がある。

アパーチャー（aperture） カメラレンズを通過する光量を制御する絞りのこと。〈アイリス〉も参照のこと。

あらすじ（treatment） 映画の基本的なナラティブ進行のアウトラインを文章にまとめたもの。〈シノプシス〉とも比較のこと。

アングル（angle） カメラが被写体を撮影する角度のこと。カメラが被写体よりも下から撮影するのであれば、ローアングル・ショットとなる。カメラが被写体よりも上にあって下方に向けて撮影するのであれば、ハイアングル・ショットとなる。

暗示的意味（implicit meaning） 映画の形式と内容が伝える〈明示的意味〉から観客がおこなう連想、結合、推測のこと。暗示的意味は明示的意味の表層下にあり、われわれが「意味」という語に抱く日常感覚に近い。

アンチヒーロー（antihero） 道義的に問題があったり、さもなければ望ましくない目標を追い求めたりする、見かけからして共感できないような主人公のこと。

一人称ナレーション（first-person narration） 映画内で当の登場人物によってなされるナレーション。〈ボイスオーバー〉とも比較のこと。

インカメラ効果（in-camera effect） プロダクションカメラ（後処理時に用いられるカメラ）によってオリジナルのネガフィルムにくわえられた特殊効果のこと。例としては、〈スローモーション〉〈ファストモーション〉などがあげられる。〈ラボラトリー効果〉〈CGI〉とも比較のこと。

インターカット（intercutting） シーンにショットを挟み込み、ナラティブを中断させること。インターカットの例としては、フラッシュバック、フラッシュフォワード、登場人物の思考を捉えるショット、プロット上の前後の出来事を捉えるショット、画像の並列によって象徴的ないし主題上の意味を生み出すショット挿入などがある。

インタータイトル（intertitles） 印刷・手書きを問わず、ショットとショットの間に挿入される文字で、追加の説明や台詞を示す。今日では普通用いられないが、サイレント映画では広く用いられた。

映画言語（cinematic language） 映画が観客とコミュニケーションをとるために、広く受け入れられた体系、方法、慣習のこと。

映画時間（cinematic time） 編集によって伝えられたり操作されたりする、映画内の時間の経過のこと。

映画スター（movie star） 一般にハリウッドに関した現象で、俳優ならびにその俳優が演じたキャラクター、その俳優と演じる役を結びつけるために映画会社が作り出したイメージ、そのイメージが生み出された時代の社会史・文化史の反映などで構成される。

映画理論（film theory） 特定の知的ないしイデオロギー的な観点から映画を評価する理論。

エキストラ（extra） 台詞がなかったり、群衆の役で登場したりする俳優。映画ではクレジットされることはない。

エスタブリッシング・ショット（establishing shot） 観客に状況設定（そのシーンの登場人物たちと彼らをとりまく環境との関係）を手早く認識さ

せることを目的とするショット。超ロングショットであることが多いが、常にそうとは限らない。

▲『英国王のスピーチ（*The King's Speech*）』（2010）のエスタブリッシング・ショット。建造物の外観を映し出し、それがあとに続く屋内シーンの伏線となっている。

FX〈特殊効果〉を参照のこと。

演出（staging）〈ミザンセヌ〉を参照のこと。

覆い板（mask）金属、紙、プラスチック製の不透明なシートで、切り抜き（たとえば、アイリスのような円形の切り抜き）がある。カメラの前に置かれ、フレームの特定の領域だけに光を通過させ、フレーム内に別のフレームを作り出す。

オープンフレーム（open frame）画面外にある要素の存在に注意を向けさせるショット。登場人物もモノも理論上そこに出入りできる。〈クローズドフレーム〉とも比較のこと。（次頁の図を参照）

▲ロバート・ゼメキス監督『キャスト・アウェイ（*Cast Away*）』（2000）でのこのショットは、広大な空間に置かれ、トム・ハンクスが演じる主人公が思うままに動き回り、立ち去る自由を有することを示唆するように構成されている。

オーバーラッピング音（overlapping sound） あるショットから次のショットに持ち越される音響のこと。2つめのショットの音響が始まるまで続く。

オーバーラップ編集（overlap editing） アクションや見せ場を数回繰り返すことで、見せる時間を延ばし強調する編集技法。

オフスクリーン空間（offscreen space） フレーム外に存在する映画空間のこと。〈オンスクリーン空間〉とも比較のこと。

オフスクリーン・サウンド（offscreen sound） 物語世界に属するか否かを問わず、スクリーン上には見えないところから聞こえてくる音響のこと。物語世界に属する場合は、物語世界から発する音響効果、音楽、発声から成る。物語世界に属さない場合は、楽曲やスクリーン上には存在しない人物によるボイスオーバーのナレーションという形をとる。〈オンスクリーン・サウンド〉とも比較のこと。

音響効果（sound effect） サウンドトラックのために人工的に作られた音響のことで、ストーリーを伝えるという明確な働きを有する。

オンスクリーン空間（onscreen space）フレーム内に存在する映画空間。〈オフスクリーン空間〉とも比較のこと。

オンスクリーン・サウンド（onscreen sound）スクリーン上に見えて聞こえる音源から発せられる物語世界の音響。内部の音響の場合もあれば外部の音響の場合もある。〈オフスクリーン・サウンド〉とも比較のこと。

【カ】

外部音（external sound）物語世界の音響の一形態。物語世界から響いてくる、登場人物たちと観客には聞こえる音であるが、その音源を目にすることはない。〈内部音〉とも比較のこと。

敵役（antagonist）主人公の目標遂行を妨害したり抵抗したりする人物、モノ、勢力のこと。

カッティング・オン・アクション（cutting on action）「アクションつなぎ」ともいう。ひとつのアクションをさまざまなカメラアングルで撮り、それらをスムーズにつなげる編集テクニック。あるショットでアクションの撮影がはじまり、次のショットへと続く。こうして連続したアクションを感じさせる。

カット（cut）(a) 編集プロセスにおいて、編集者がひとつのショットが終わり、次のショットがはじまるところまでを選ぶ行為をいう。(b) カットの結果、あるショットから次のショットに直接変化すること。すなわち、ショットＡが終わりショットＢが明確にはじまる位置のこと。(c)「ラフカット」のように、シーンや映画の編集済みのバージョンのこと。

カバレッジ（coverage）ひとつのシーンを（複数のアングルや距離、視点というように）さまざまなショットで撮ること。そのねらいは、監督や編集者が仕上げ作業時により多くの選択肢を保険として得られるようにすることにある。

可変焦点レンズ（variable-focal-length lens）〈ズームレンズ〉を参

照のこと。

カメオ（cameo） 有名俳優によって演じられる、一場面だけだが重要な役。

カメラマン（camera operator） 製作クルーの一員で、撮影監督の指揮のもと、カメラを操作する。

監督（director） (a) 台本を芸術化したものを決定し、それをスクリーン上に実現し、(b) 俳優の配役をし、その演技を指示し、(c) プロダクション・デザイナーと密接に協働し、ロケ地選びといった映画の外観を決定し、(d) カメラマン他重要なスタッフの仕事を統括し、(e) たいていの場合、すべての製作活動、とりわけ編集を管理する人物。

キアロスクーロ（chiaroscuro） 映像内で強度の、または微妙な明暗の変化を用いること。〈ローキー照明〉も参照のこと。

▲キアロクスーロを使ったスタンリー・キューブリック監督『現金に体を張れ（*The Killing*）』（1956）のショット

キーライト(key light)「メインライト」「ソースライト」ともいう。ショットの最も主要な光源である。深みのある陰を生じさせるが、補助光によって補正もされる。

規格(format)フィルムのことを指す場合は、「ゲージ」とも呼ばれる。フィルムと送り穴の寸法、ならびにスクリーン上で見られる映像フレームのサイズと形状。規格には、スーパー 8mm から 70mm（それを超える IMAX のような特殊規格もある）まであるが、一般には３つの標準ゲージに限られる。すなわち、スーパー 8mm、16mm、35mm の３つである。デジタル撮影の場合は、特定のコーデックやデジタルセンサーのことを指す。

危機（crisis）慣習的なナラティブ構造において、主人公が遭遇する克服不可能かと思えるような障がいのことをいう。〈クライマックス〉とも比較のこと。

キネシス（kinesis）構図組み立ての一側面で、スクリーン上で動くものすべてを考慮すること。

キャスティング（casting）映画に出演する俳優を選んだり雇ったりするプロセス。

キャラクター（character）映画のナラティブの不可欠な要素。プロット内で機能的な役割を演じるあらゆる存在。自ら行為することもあれば、行為を受けることもある。キャラクターは平板な場合もあれば、立体的な場合もあり、主要であったり主要でなかったり周縁的であったりするし、主人公の場合もあれば敵役の場合もある。

キャラクター視点（character POV）ある登場人物（または視界内にある別の登場人物）の目線に近いカメラショットがとらえる視点（point of view)。その人物が見ているものを提示する。〈全知的視点〉や〈集団視点〉とも比較のこと。

キャラクターロール（character role）弁別的なキャラクターのタイプ（ときにはステレオタイプ）を示す、俳優の役割。たとえば、社会の指導者、

清純な乙女、ギャング、運命の女性（ファム・ファタール）など。

空中ショット（aerial-view shot） 航空機や非常に高い高所クレーンから撮られるショット。全知的視点を意味することが少なくない。

▲アルフレッド・ヒッチコック監督『鳥（*The Birds*）』（1963）の空中ショット

クライマックス（climax） 従来型のナラティブにおいて葛藤が頂点に高まること。すなわち、主人公が最後の障がいを乗り越えることで目標を達成しようとする瞬間。〈危機〉とも比較のこと。

グラフィック・マッチカット（graphic match cut） ショットＡとショットＢにおいて、形状の類似性があるモノがそれぞれに描かれるマッチカットのこと。２つのモノの形状、色彩、質感は編集によって一致しており、連続性を感じさせる効果を生む。

[1]
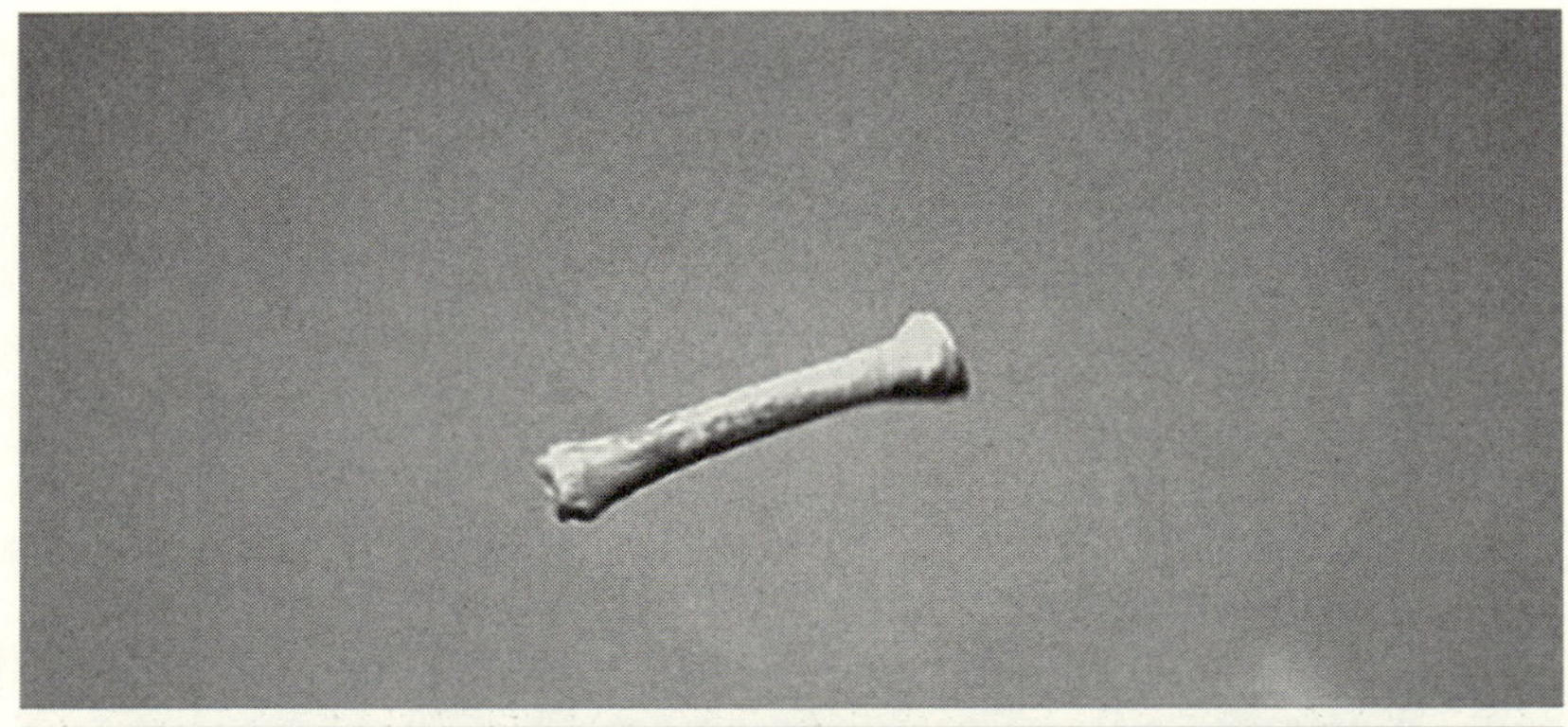

[2]
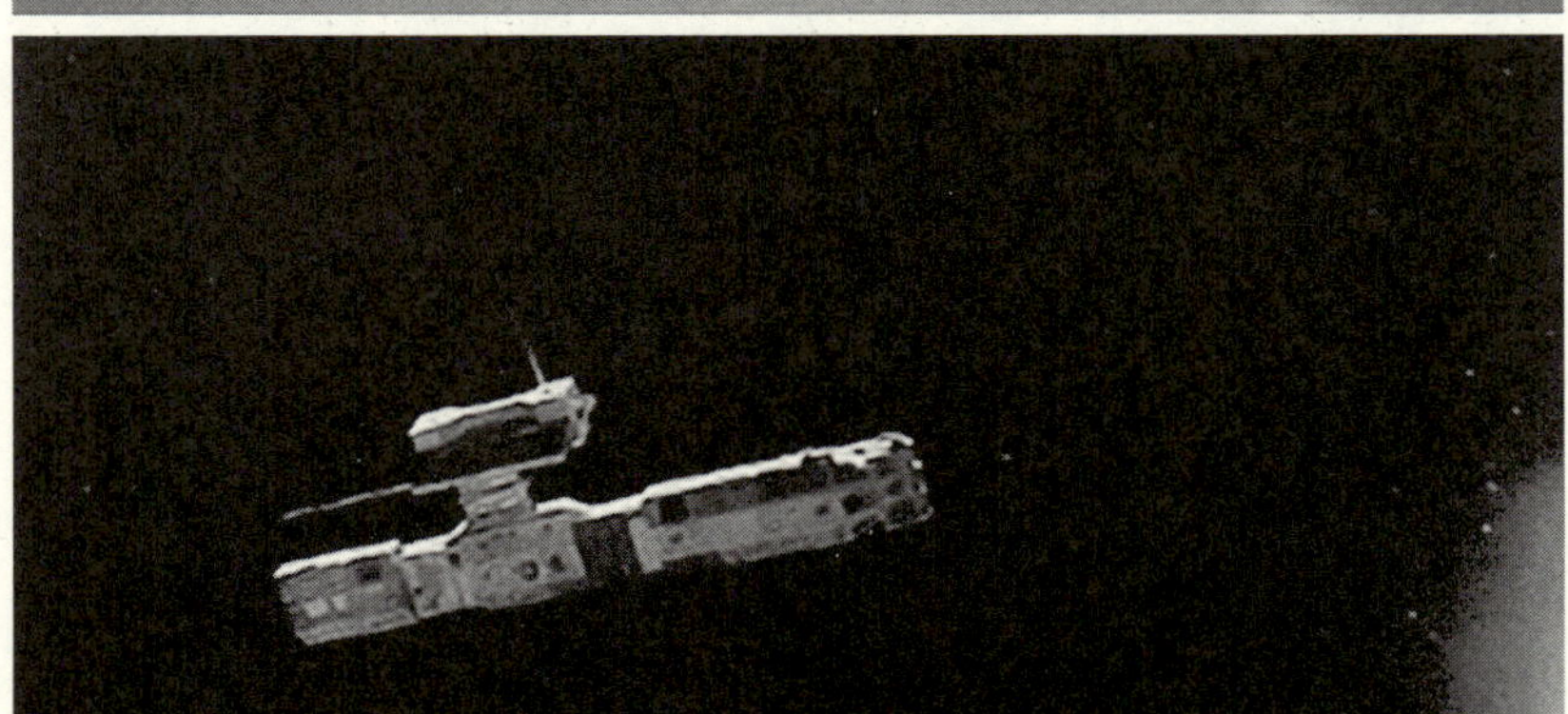

▲スタンリー・キューブリック監督『2001年 宇宙の旅（*2001: A Space Odyssey*）』（1968）での古典的なグラフィック・マッチカット。[1] 猿人が空中に放り投げた骨が、[2] 宇宙に浮かぶ宇宙船へと続く。

クレーンショット（crane shot） 巨大なアーム（クレーン）にとりつけられたカメラの動作によって撮られたショット。クレーンは車体にとりつけられていて、必要な際には自走させたり押し動かしたりができる。

（次頁の図を参照）

▲学生の撮影チームが、クレーンショットを撮るために「ジブアーム」と呼ばれる小さなクレーン上の機具を使っているところ。

クローズアップ（close-up, CU） フレーム一杯に身体の一部（通常は顔であるが、手や目、口のこともある）を映すショットのこと。

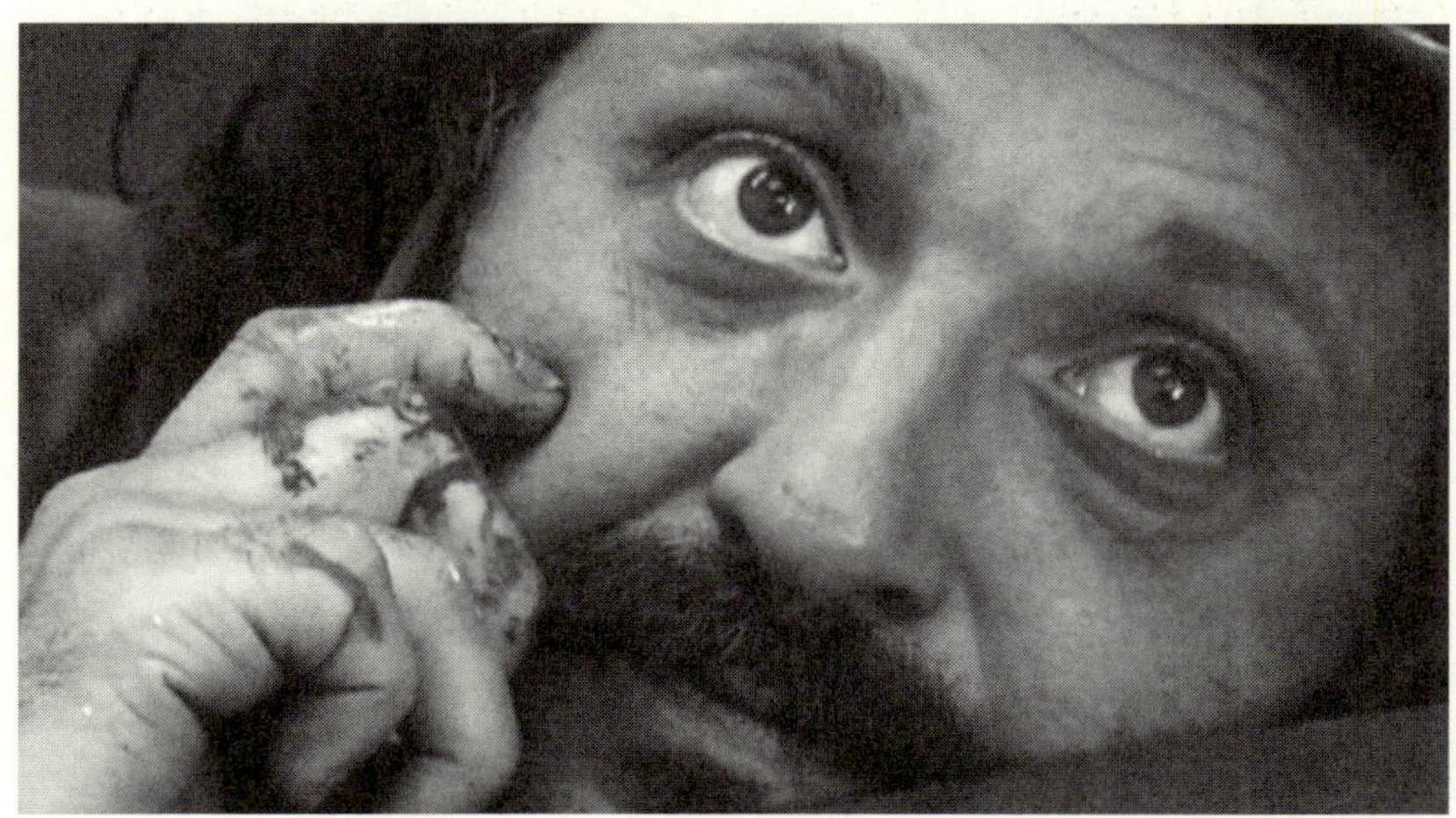

▲バンクシー監督『イグジット・スルー・ザ・ギフトショップ（*Exit Through the Gift Shop*）』（2010）でのティエリー・グエッタ（a.k.a. ミスター・ブレインウォッシュ）のクローズアップ

クローズドフレーム（closed frame） ショットをフレームに収めるためのひとつのアプローチ。登場人物やモノがそれ以上フレームに入ることもなければ、そこから消えることもない（それらを枠に収め固定する）。〈オープンフレーム〉とも比較のこと。

▲黒澤明監督『生きる』（1952）のクローズドフレームによるショットでは、役所の役人が事務室の本や書類に文字どおり拘束されている。

クロスカッティング（crosscutting）「並行モンタージュ」ともいう。２つかそれ以上のアクションを交互に並べ、それらが異なる場所で同時に起きていることを示す技法。

景（plane） フレーム内における３つの理論上の領域（前景、中景、後景）のうちのいずれか。〈３分割法〉も参照のこと。

形式（form） 主題が表現される手段。詩歌の形式は言葉であり、演劇であればセリフと演技、映画であれば映像と音響というようにである。〈内容〉とも比較のこと。

形式分析（formal analysis） あるシーンやシークエンスがストーリーや雰囲気や意味を伝えるために、形式要素（ナラティブ、ミザンセヌ、撮

影法、編集、音響など）をどのように用いているかを検証する分析法。

ゲージ（gauge）〈規格〉を参照のこと。

結末（resolution） 山場に続き、ストーリーの結果を祝福したり、さもなければ振り返ったりする、ナラティブ上の出来事。

広角レンズ（wide-angle lens）〈短焦点レンズ〉を参照のこと。

構図（composition） フレーム内における、照明、陰影、線、色彩にくわえ、静物や人物の配置、バランス、おおまかな関係のこと。

コーデック（codec） 特殊なデジタルフォーマットで、デジタルイメージの情報を編集や視聴目的で操作しやすいサイズのファイルに圧縮する。フィルムの場合と同様に、コーデックごとに照明、色彩、コントラスト、被写界深度は異なり、よってデジタル映像技師はフィルム撮影時と同様の細心さをもってデジタルフォーマットを選択する。〈フィルム〉とも比較のこと。

小道具（properties）「プロップ」ともいう。ナラティブ情報の物理的な表象を示すことで、映画の演出を強化するのに用いられるモノのこと。

コマ止め（freeze-frame）「ストップフレーム」「ホールドフレーム」ともいう。映画内の静止画のこと。同一のフレームを続けてプリントすることでできあがる。映画監督が望むだけの時間、動きを止めたまま上映される。

【サ】

サウンドステージ（soundstage） 窓がなく、防音設備を施した映画撮影用の施設で、数階の高さをもち、１エーカーかそれ以上の床面積をもつこともある。

サウンドトラック（sound track） 音響編集の過程では、特定のタイプの音響、たとえば人物の会話、効果音、環境音、音楽などが、それぞれ1つのトラックに録音される。こうした個々のトラックは、音響編集時に重ねられ、ポスト・プロダクションの最終段階でミキシングされる。

撮影アングル（shooting angle） カメラが撮影対象との関係で占める高さのこと。基本的なカメラアングルとしては、〈アイレベル・ショット〉〈ハイアングル・ショット〉〈ローアングル・ショット〉〈ダッチアングル・ショット〉〈鳥瞰ショット〉がある。

撮影台本（shooting script） 制作陣全メンバーのための手引き・参考資料のことで、各ショットの詳細がまとめられており、撮影中はこれに従うことになる。

撮影法（cinematography） フィルムやその他の媒体に動画を捉えるプロセスのこと。

作家主義（auteurism） 監督が映画の唯一の「作家」であるという考え方にもとづく映画理論。作家主義は、しばしば2つの形をとる。すなわち、（個々の映画群ではなく）ある映画監督の作品全体を様式にもとづいて評価するものと、偉大な映画監督たちをその撮影様式によって分類するものとの2つである。

サブプロット（subplot） ナラティブにおける一連の従属的なアクション。通常はプロットに関係し、プロットを豊かなものにする。

3分割法（rule of thirds） 〈構図〉の原則のひとつで、フレームを垂直方向に3等分、水平方向に3等分し、9つの囲みからなるグリッドを想定する。このグリッドは、映画製作者が視覚要素を3つごとに、すなわち上部・中部・下部と、左・中央・右と、前景・中景・後景とに、バランスよく配置するために用いる。あるセクションに視覚要素を配置するごとに、構図のバランスをとる目的で、反対側のセクションにも視覚要素を配置するのが普通である。（次頁の図版を参照）

▲『ドリーム（*Hidden Figures*）』（2016）のこの２つのショットにスーパーインポーズされたグリッドは、３分割法が構図の諸要素のバランスをとるのに用いられていることを例証している。

シークエンス（sequence） 一連の編集済みショットのことで、テーマや目的にそれなりの統一性があることを特徴とする。

シークエンスショット（sequence shot）〈ロングショット〉を参照のこと。

CGI　コンピュータ生成画像

シーン（scene） アクションの完結する単位。ひとつかそれ以上のショットで構成され、１ヵ所のロケーション、すなわちひとつのアクションの舞台における、連続した時間フレームのなかで発生する。

実験映画（experimental film）「前衛映画」ともいう。革新的な技法を用いる映画で、慣習を拒み、予想を裏切り、自身の技法にさえも挑発する。映画研究者フレッド・キャンパー（Fred Camper）は、論文「命名、そして否定、前衛あるいは実験映画」のなかで、大半の実験映画に共通する特徴を要約する6つの基準をあげている。

①実験映画に商業性はない。単独の映画製作者（またはせいぜい数名の芸術家からなるチーム）によって製作されるが、きわめて低予算で、利益を度外視している。

②実験映画は個人的である。通例、原案・脚本・監督・撮影・編集をたったひとりで担当し、その人物の創造性を反映する。他の映画製作者や技術者からの協力は最小限に限られる。ゆえに実験映画のクレジットは短いものとなる。

③実験映画はストーリーの慣習やナラティブの因果関係にこだわらない。

④実験映画は映画の可能性を骨までしゃぶりつくし、そうすることで伝統的映画が隠蔽しようとする触感や機械的特徴を暴露（そして漏洩）する。大半の伝統的映画は観客に自分たちが映画を観ていることを忘れさせるよう構成されているが、多くの実験映画はこの事実を観客に繰り返し思い起こさせる。実験映画はそれ自身の手法に注意を引き、疑いを生じさせ、挑みさえさせるような技法を取り入れる。

⑤実験映画は文化とメディアを批判する。実験映画はしばしば主流からはずれた位置に陣取って、映画とはどうあるべきかという観客の予見についてとやかく論じる（そして意図的に裏をかく）。

⑥実験映画はひとりひとりに解釈を促す。表現派の抽象画と同様に、実験映画は慣習的なナラティブ映画・ドキュメンタリー映画にみられるたぐいの手頃でありきたりの意味に抵抗する。

視点（point of view, POV）映画が物語のアクションを提示する位置のこと。ナレーターと物語との関係だけでなく、見たり聴いたりするカメラの動きも関係する。映画における主要な2種類の視点とは、〈全知的視点〉と〈制限的視点〉である。

視点編集（point-of-view editing）さまざまなショットを編集し、できあがったシークエンスにより特定の人物や集団の視角・視点を感じさせるプロセスのこと。人物がフレームの外部に目をやるという客観的な

ショットからはじまり、次いでその人物が見ているとされるモノ、人物、アクションのショットに移行する。

▲『狩人の夜（*Night of the Hunter*）』（1955）のこのシークエンスでは、幼い少女がシーンに入り、ロバート・ミッチャムに手を差し出す [1]。ミッチャムは彼女を見下ろしているように見えるが [2]、その視線は少女が落とした人形に注がれる [3]。この視点編集は、ロバート・ミッチャムが優先していることや意図について、明確なシグナルを発している。

シノプシス（synopsis） 映画の重要なナラティブの概念や構造を要約したもの。〈あらすじ〉とも比較のこと。

斜角ショット（oblique-angle shot）〈ダッチアングル・ショット〉を参照のこと。

ジャンプカット（jump cut） 連続するショットの一部を取り除き、アクションを瞬時に進行させてしまうつなぎ方。突然に、おそらくは筋が通らないような形で省略がなされる。

ジャンル（genre） 形式、内容、あるいはその両方によるナラティブ映画の分類のこと。ジャンルの種類としては、ミュージカル、ホラー、西部劇などがある。

集団視点（group POV） 登場人物たちの集団が見るであろうものを示すショットによって捉えられる視点（POV）。とはいえ、あくまで集団の目の高さによるもので、より高見から眺める全知的視点ではない。〈キャラクター視点〉とも比較のこと。

主観ショット（POV）〈視点〉を参照のこと。

主役（major role）「メインキャスト」「主演者」「主演」ともいう。プロットを進めるうえで主要な働きをする役割。スターであろうと新顔であろうと、主役を演じる俳優は多くのシーンに登場し、（常にそうとは限らないが）タイトルよりも先にクレジットされることが多い。〈端役〉とも比較のこと。

主人公（protagonist） 最も重要な登場人物。その目標遂行が、映画のナラティブ構造の基礎となる。〈敵役〉とも比較のこと。

助演（minor role）「脇役」ともいう。プロットを進行させる役（それゆえ主演と同様に重要なこともありうる）だが、主役ほど多くの場面には登場しない俳優が演ずる役どころ。

障がい（obstacles） 主人公の目標達成を妨げる出来事、状況、行為のこと。

障がいは敵役から生じ、ナラティブの葛藤にとって中心となるものであることが多い。

焦点距離（focal length） レンズが無限遠に設定された際の、レンズの中心から焦点までの距離のこと。焦点距離は、被写界深度やパースペクティブといった、さまざまな視覚要素に影響する。また、焦点距離は、被写体のサイズ、規模、動きについての知覚にも影響する。

焦点スポットライト（focusable spotlight） 鏡の反射光のような強い光を生み出すライト。被写体の特定の位置に向けられる。〈フラッドライト〉とも比較のこと。

▲ビリー・ワイルダー監督『お熱いのがお好き（*Some Like It Hot*）』（1959）では、マリリン・モンローの顔をハイライトし、扇情的なネックラインを浮き立てるために、焦点スポットライトが用いられている。

照明比（lighting ratio） 照明と影との関係性およびバランス（キーライトと補助光とのバランス）のこと。その比が高いと、影は深くなり、〈ローキー照明〉と呼ばれるものになる。逆にその比が低いと、影は薄いか存在しなくなり、照明が均等に当たり、〈ハイキー照明〉と呼ばれるものになる。

省略（ellipsis） 時間（あるショットを別のショットから分離する時間）を省略すること。劇的あるいはコミカルな効果を生むことをねらいとする。

ショット（shot） (a) 中断なしにカメラを回して捉えた、切れ目のないアクションの持続。カットなどによって他のショットに切り替わるまで続く。(b) プリ・プロダクション時や製作中に、あらかじめ決められたカメラ位置からの構図に収まるよう視覚要素を配置すること。〈セットアップ〉〈テイク〉とも比較のこと。

ショット／リバースショット（shot / reverse shot） あらゆる編集パターンのなかでも最も一般的でよく知られたもののひとつ。通常、会話や口論において、別々の人物を交互に映し出すショット間のカットでできている。それぞれの人物の肩越しにショットがかぶることもあるが、たいていは一時にスクリーン上に映し出される人物はひとりだけである。

▲エリア・カザン監督『波止場（*On the Waterfront*）』（1954）からの２つのショット。エヴァ・マリー・セイントとマーロン・ブロンドとにショット／リバースショットを当てはめた、古典的な例となっている。

人物造形（characterization） 映画内であるキャラクターを練り上げるプロセス。俳優、脚本家、監督が共同して創造的努力を重ねる結果が、人物造形である。

スウィッシュパン（swish pan） カメラのすばやい動きで切り替えの瞬間をぼやけさせる技法。

ズームイン（zoom in） カメラが寄っていくのではなく、カメラのレンズの動きだけで映像が拡大されるショットのこと。〈ドリーイン〉とも比較のこと。

ズームレンズ（zoom lens）「可変焦点レンズ」ともいう。撮影対象に接近したり離れたりすることができるレンズで、絶えず焦点距離を変えることができ、ショットのフレームを再調整できる。ズームレンズによって撮影者は、焦点や絞りを変えることなく、広角から望遠にまで変えることができる。〈長焦点レンズ〉〈中焦点レンズ〉〈短焦点レンズ〉とも比較のこと。

スクリーン長（screen duration） 映画のプロットをスクリーン上に提示するのに要する時間のこと。すなわち、映画の上映時間のこと。〈プロット長〉〈ストーリー長〉とも比較のこと。

スクリーンテスト（screen test） ある役柄のオーディションのために俳優の撮影審査をすること。

スクリーン方向（screen direction） スクリーン上において人物やモノが動く方向のこと。

スコア（score） 特定の映画のためだけに作曲・録音された、物語世界の外部にある音楽で、意味や感情を伝えたり盛り上げたりするのに用いられる。

スコープ（scope） ストーリーがカバーする範囲全体のこと。

筋の上昇（rising action） 山場へとナラティブのアクションが盛り上がっていくこと。

スタントパーソン（stuntperson） 車の衝突、高所からのジャンプ、泳ぎ、乗馬（あるいは落馬）といった特殊な技能や危険なアクションを伴うシーンで代役を務める者のこと。

ステディカム（Steadicam） カメラマンが身につけたベストに取り付けられたアームからつり下がっているカメラで、「手持ち」ショットの撮影時でもぶれない映像を撮ることができる。手ぶれを防ぎ、滑らかで動きの速い動きを撮る際によく用いられる。

ストック（stock）〈フィルム〉を参照のこと。

ストップモーション撮影法（stop-motion cinematography） 撮影者がカメラを停止・スタートを繰り返し、被写体の変化を捉える技法。粘土を使ったアニメやその他のアニメでよく用いられる。

ストーリー（story） スクリーン上でわれわれが見聞きするすべての出来事、また暗示的であったり明示的には示されていないが起きたと推定される出来事。〈ナラティブ〉〈プロット〉とも比較のこと。

ストーリー長（story duration） 映画のストーリーにそって全ナラティブが展開する総時間のこと（スクリーン上に明示されることもあれば、そうでない場合もある）。〈プロット長〉〈スクリーン長〉とも比較のこと。

ストーリーボード（storyboard） ショットごとにそのイメージをスケッチや写真で説明したもの。これに台詞、音響、音楽といった要素についての文字による説明も伴う。

ストレッチ関係（stretch relationship） スクリーン長がプロット長よりも長いことをいう。〈リアルタイム〉〈要約関係〉とも比較のこと。

スリーポイント・システム（three-point system）「3灯照明」ともいう。映画製作において最もよく知られた照明法で、キーライト、フィルライト（補助光）、バックライトの3つの光源からなる。それぞれが、対象を別々の方向・位置から捉える。これによって、映画製作者は照明と影のバランスをコントロールできる。（次頁の図版を参照）

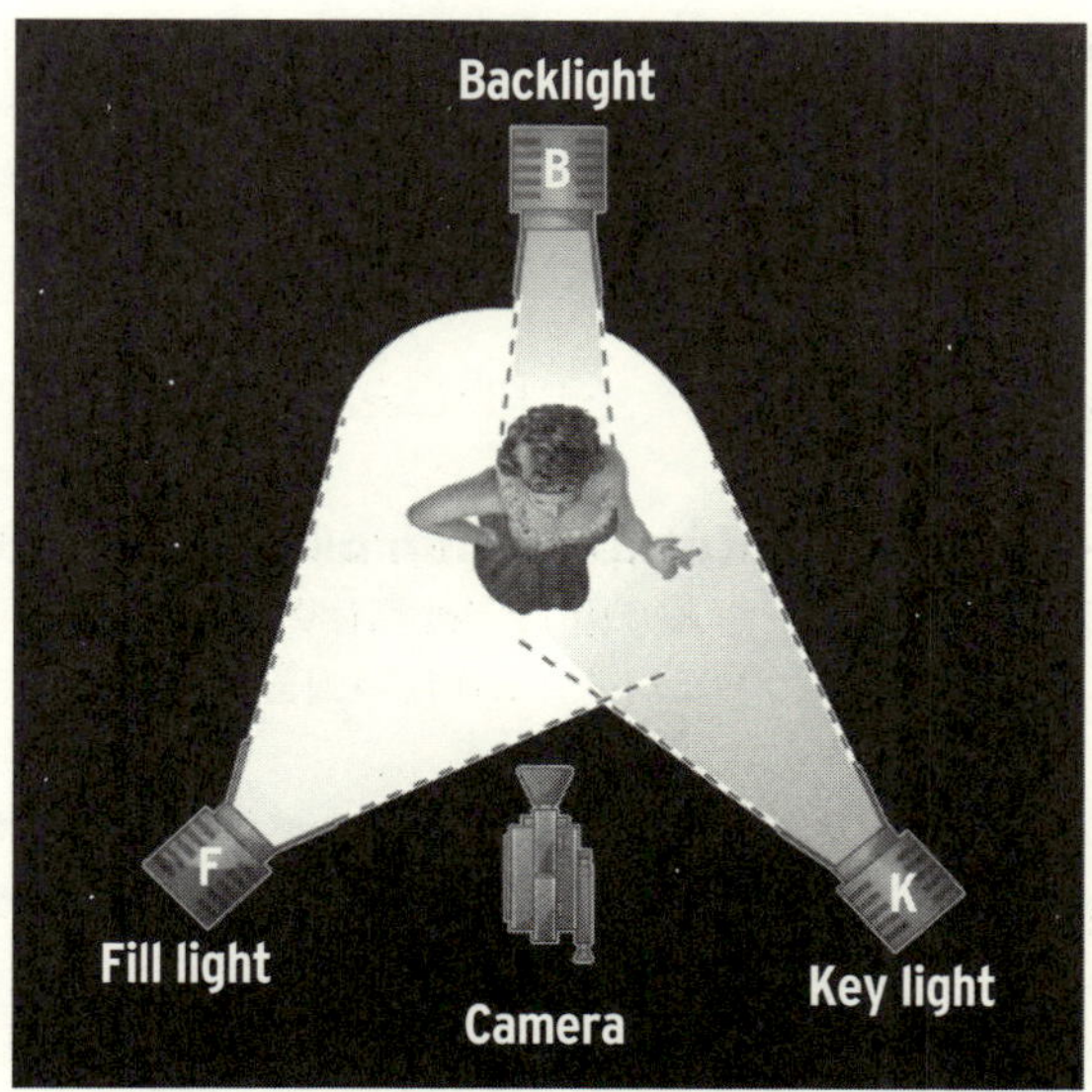

▲この図は古典的なスリーポイント・システムの配置を示したものである。また、ジョセフ・フォン・スタンバーグ監督『恋のページェント（*The Scarlet Empress*）』（1934）でのこのショットは、マレーネ・ディートリヒというスターの魅力を強調するのにスリーポイント・システムを用いたものである。

スレート（slate） 撮影中に各シーンを明らかにするのに使われる板もしくは器具のこと。

スローモーション（slow motion） 上映中のアクションを減速させる撮影上の技法。アクションを通常の秒速24コマ（fps）よりも早い速度で撮影することで可能となる。このショットを標準の24fpsでプレイバックすると、実際に演じたよりもゆっくりとした速度で映画時間が進行する。〈ファストモーション〉とも比較のこと。

制限的（restricted） ひとりの人物の視点からの眺めを提示する。たとえば、制限的ナレーションは、特定の人物が情報を知るという形で、その情報が観客に開示される。〈全知的〉とも比較のこと。

製作（production） 製作過程の２つ目の段階で、実際の撮影を伴う。製作に先行するのが「プリ・プロダクション」、後続するのが「ポスト・プロダクション」である。

セット（set） 映画のあるショットの場面として用いられる作られた空間。セットは本物らしく見え、また撮影されやすいように作られねばならない。〈ロケーション撮影〉とも比較のこと。

セットアップ（setup） カメラのある位置とそれに関連するすべてのことがら。ショットは映画の基本単位であるが、セットアップは映画製作の基本構成要素である。

セル（cel） セルロイドやそれと同質のプラスチック製透明シート。アニメーションやタイトル用の描画やレタリングがそこに施される。

全身ショット（full-body shot） 〈ロングショット〉を参照のこと。

全知的（omniscient） 映画のアクションや登場人物について、第三者の視点・視界を示すこと。〈制限的〉とも比較のこと。

全知的視点（omniscient POV） 映画における最も一般的な視点。全知的視点により、カメラは映画世界のなかを自由に動き回ることができ、映画中のいかなる人物も持ち得ない、神のごとき無制限な視点で出来事を映し出す。〈キャラクター視点〉〈集団視点〉とも比較のこと。

ソース・ライト（source light）〈キーライト〉を参照のこと。

【タ】

対比（scale） あるモノやシーンの一部が他との関係で占める大きさと配置のこと。その比率は、ショットの種類やカメラの位置によって決まる。

タイプキャスティング（typecasting） 俳優の才能や経験よりも、そのルックスや「タイプ」を理由に配役すること。

代役（stand-in） ある映画スター（もしくは主要な役を演じている俳優）と身長、体重、肌色などが似ている役者のこと。セットアップや準備や照明のチェックといった退屈なプロセスを、代役として務める。

ダイレクト・ナレーション（direct narration） スクリーン上の人物が観客に向かい直接話しかけるナレーション。

ダッチアングル・ショット（Dutch-angle shot）「ダッチ・ショット」「斜角ショット」ともいう。通常の水平・垂直のポジションよりもカメラを傾け、あえて水平でないショットを撮る。フレーム内の世界が不均衡だという印象を観客に与える。

▲ジェイムズ・ホエール監督『フランケンシュタインの花嫁（*Bride of Frankenstein*）』（1935）のダッチアングル・ショット

短焦点レンズ（short-focal-length lens）「広角レンズ」ともいう。フレームの四隅にいくらか歪みが生じるものの、フレーム内での奥行き感を生み出すレンズのこと。〈長焦点レンズ〉〈中焦点レンズ〉〈ズームレンズ〉とも比較のこと。

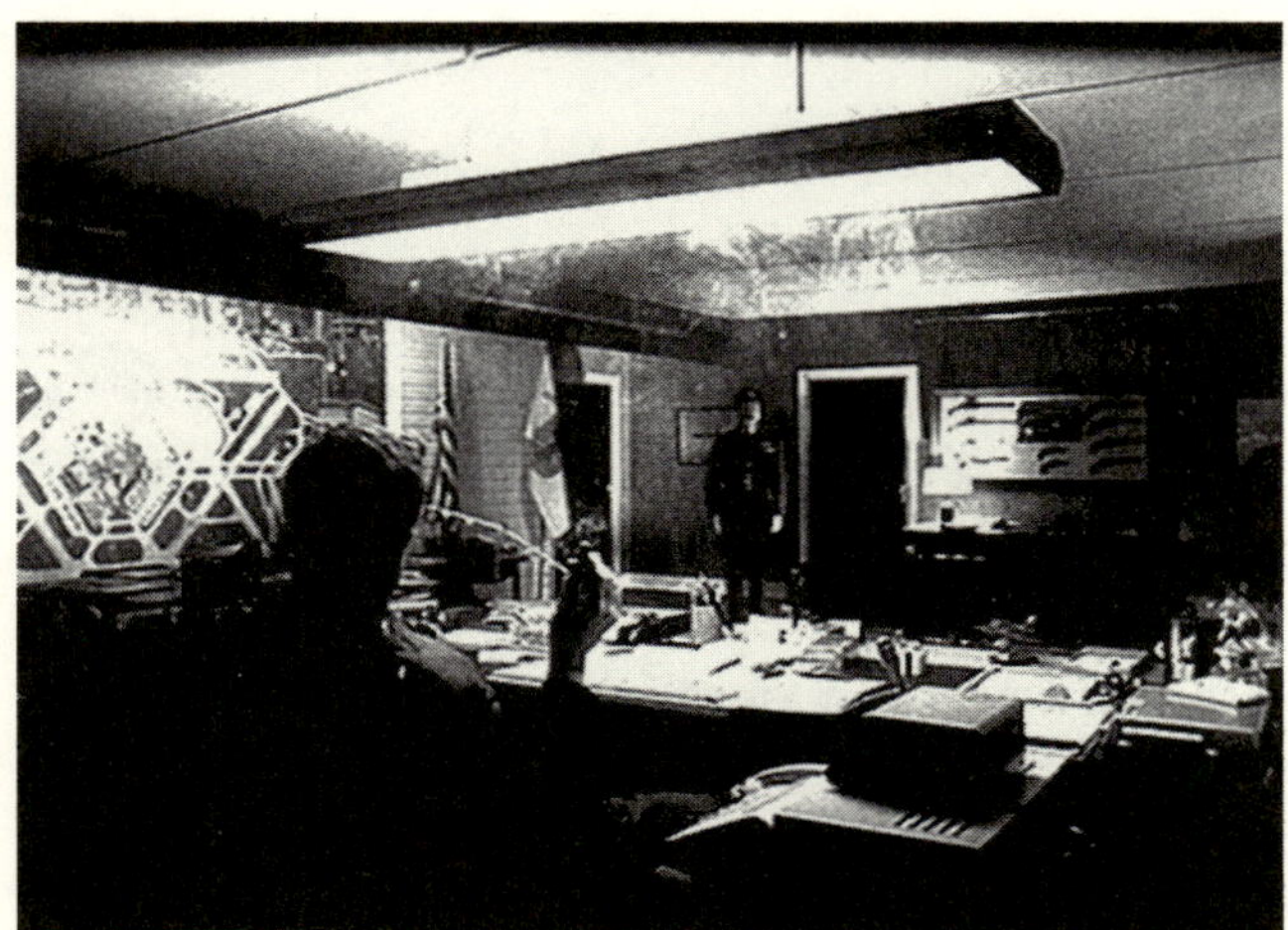

▲スタンリー・キューブリック監督『博士の異常な愛情（*Dr. Strangelove*）』（1964）での、短焦点レンズを用いたショット

超クローズアップ（extreme close-up, XCU） 人物の目、指輪、時計盤のような特定のディテールを、非常に近い位置で撮ったショットのこと。

▲スパイク・リー監督『ドゥ・ザ・ライト・シング（*Do the Right Thing*）』（1989）での超クローズアップ

中焦点レンズ（middle-focal-length lens）「ノーマルレンズ」ともいう。遠近の関係を歪めないレンズのこと。〈長焦点レンズ〉〈短焦点レンズ〉〈ズームレンズ〉とも比較のこと。

鳥瞰ショット（bird's-eye-view shot）〈空中ショット〉を参照のこと。

長焦点レンズ（long-focal-length lens）「望遠レンズ」ともいう。映像の空間や深度を平板にし、遠近の関係を歪める働きを有する。〈短焦点レンズ〉、〈中焦点レンズ〉、〈ズームレンズ〉とも比較のこと。

超ロングショット（extreme long shot, XLS） 対象をそれとわからないほど遠方から撮ったショットのこと。状況を通じてしか対象を認識できず、その状況には一般的な背景情報にくわえ、ロケ地を見渡す視界が示される。このように説明的な状況を示すのに用いられると、超ロングショットは〈エスタブリッシング・ショット〉とも呼ばれる。

▲スタンリー・キューブリック監督『バリー・リンドン（*Barry Lyndon*）』（1975）でのこのショットは、望遠レンズで撮影されたもの。何列にもわたる兵士たちの姿は長焦点レンズによって圧縮され、場面の深度が浅くなっている。

助演（supporting role）〈脇役〉を参照のこと。

チルト・ショット（tilt shot） 固定三脚の回転ヘッドに取りつけたカメラを垂直方向に傾けて撮ったショット。

ツーショット（two-shot） 2人の人物が登場するショット。通常、ミディアムショットかミディアム・ロングショットで撮られる。

▲デヴィッド・フィンチャー監督『ソーシャルネットワーク（*The Social Network*）』（2010）より、双子のウィンクルボス兄弟が登場するツーショット。

ディープ・スペース構図（deep-space composition） フレームの3つの平面（後景、中景、前景）すべてに人物を配置し、奥行きを感じさせる構図。ディープ・スペース構図は、常にそうとは限らないが、パンフォーカスで撮られることが多い。

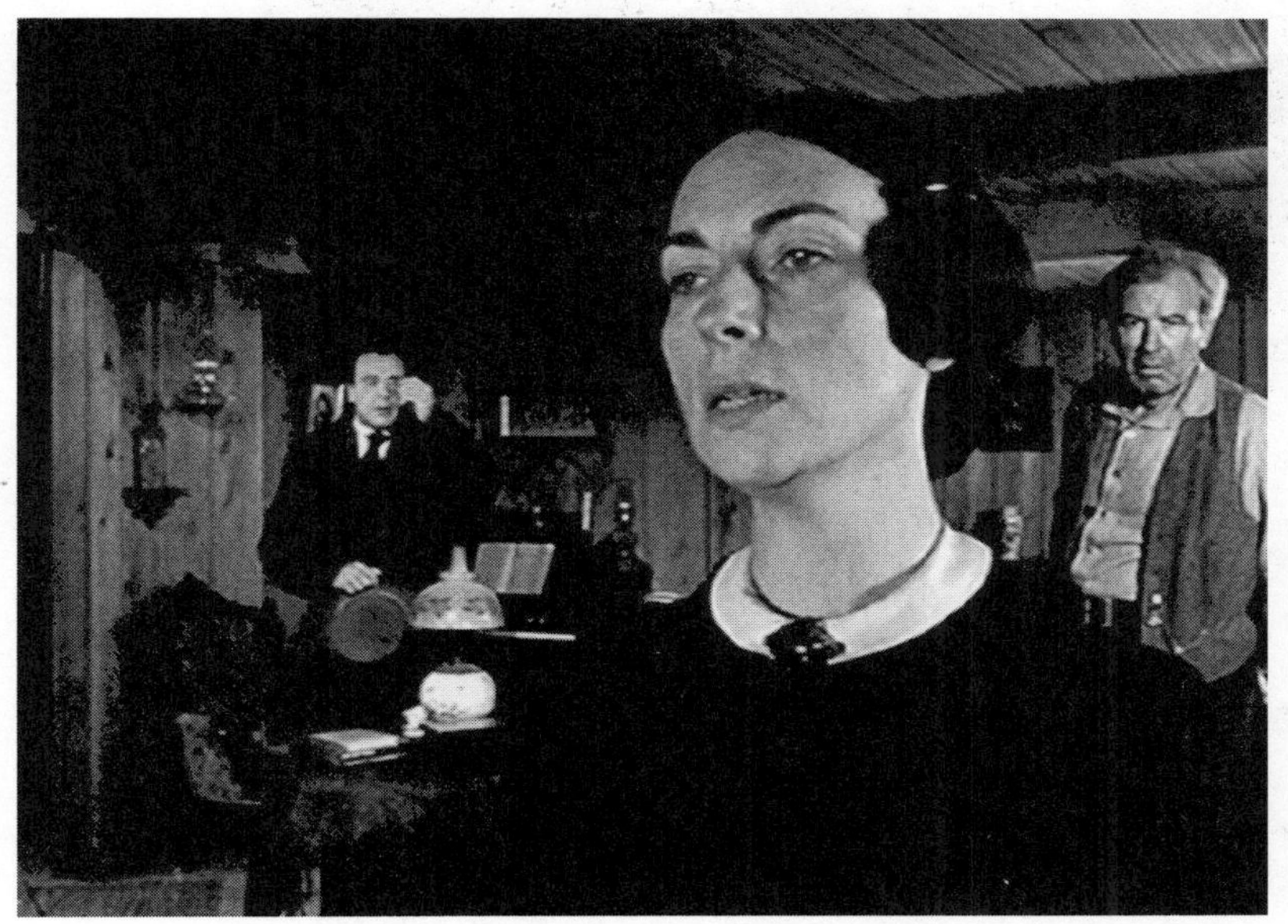

▲オーソン・ウェルズ監督『市民ケーン（*Citizen Kane*）』（1941）でディープ・スペース構図とパンフォーカスの両方が用いられた有名なシーン

テイク（take） あらかじめ決められていたショットが撮られる回数のことで、1回の場合もあれば複数回の場合もある。複数回の場合は、ミスに備えるためであったり、編集者が多様な演出やブロッキングやカメラワークを選べるようにするためである。

ディゾルブ（dissolve）「ラップ・ディゾルブ」ともいう。スーパーインポーズされるBというショットが、Aというショットにかぶるように徐々に現われ、途中で場面が転換する仕掛けとなっている。ディゾルブは普通、時間の経過を暗示するものである。〈フェードイン〉〈フェードアウト〉とも比較のこと。

デコ（decor） セットである室内装飾、家具、カーテンなどの色彩と風合いのこと。

デザイン（design） セット、小道具、照明、俳優の見た目を決めるプロセス。セットのデザイン、デコ、小道具の選び方、衣装、メーク、ヘアスタイルといったものすべてが、全体のデザインを形作るうえで役割を果たす。

デジタルアニメ（digital animation）「コンピュータアニメーション」ともいう。コンピュータソフトウェアを用いてアニメ映像を作成すること（人形アニメや手書きのセルなどに頼るアナログの技法とは逆のもの）。

手持ちショット（handheld shot） カメラマンが肩に乗せたり手で持ったりしたカメラで撮ったショットのこと。ニュースやドキュメンタリー映画製作者は進行中で予測しがたい出来事をカバーするのに手持ちカメラを用いるため、手持ちショットの不安定感はドキュメンタリーのリアリズムと結びつけて考えられることが少なくない。場合によっては、手持ちカメラの不安定感は、混乱状況や走っている人物が見ているものを伝えるのに用いられる。

デュレーション（duration） 時間長。どんな映画でも、3種のデュレーションがある。すなわち、ストーリー長（ナラティブ全体が—スクリーン上で明示的にせよ暗示的にせよ—要するとされる時間）、プロット長（スクリーン上に明示的に示される出来事が要するとされる時間）、スクリーン長（映画のプロットを提示する際に実際に経過する時間、すなわち映画の上映時間のこと）の3種である。

転換点（inciting incident） 主人公に目標を与えるナラティブ上の出来事や状況のこと。この目標がその後のナラティブを設定する。

同時音響（simultaneous sound） 物語世界に属する音響で、スクリーン上に流れる。〈非同時音響〉とも比較のこと。

ドキュメンタリー映画（documentary film） ノンフィクショナルであることを旨とする映画。ドキュメンタリー映画は次のようにさまざまな形をとる。

ファクチュアル・フィルム（factual film） 人物、土地、ものごとの過程をありのままに提示するドキュメンタリー映画のこと。観客に過度に影響を与えることなく、楽しませ、かつ知識を与えることをねらいとする。

説明型ドキュメンタリー（expository documentary） ドキュメンタリー映画製作のアプローチのひとつ。観客に主題を説明するために、型にはまった要素、あらかじめ用意されたスクリプト、信頼に足るナレーターを用いる。

観察型ドキュメンタリー（observational documentary） ドキュメンタリー映画製作のアプローチのひとつ。観客が見えざる観察者として出来事を目にするかのように、身近に対象を体感することをねらいとする。

参加型ドキュメンタリー（participatory documentary） ノンフィクショナルな映画製作のアプローチのひとつ。映画製作者が撮影される対象や状況とかかわり、映画の一部となる。

パフォーマンス型ドキュメンタリー（performative documentary） 参加型ドキュメンタリーとも関連するノンフィクショナルな映画製作のアプローチのひとつ。対象との映画製作者のかかわり方は非常に個人的なものとなり、情緒的なものとなることも少なくない。パフォーマンス型ドキュメンタリーでは、映画製作者が体感することが、観客による主題とのかかわり方・理解の仕方に中心的なものとなる。

説得型映画（persuasive film） 社会問題についての特定の観点の提示や、企業・政府の不正をあつかうドキュメンタリー映画。

プロパガンダ映画（propaganda film） 欺瞞的ないし歪曲された情報を一貫して広めようとするドキュメンタリー映画。

リフレキシブ・ドキュメンタリー（reflexive documentary） ドキュメンタリー映画製作のアプローチのひとつ。ドキュメンタリーという形式それ自体を掘り下げ、ときには批判さえもする。こうした映画の製作プロセスは、ノンフィクショナルな映画製作について観客が抱く予見に挑むものとなる。〈ナラティブ映画〉とも比較のこと。

特殊効果（special effects, SFX, FX）「メカニカル効果」「プラクティカル効果」ともいう。セットにくわえられた人工的な効果であり、カメラによって撮影可能なもの。危険すぎたり、コストがかかりすぎたり、あるいは従来の撮影リソースでは不可能な映像を作り出すのに用いられる。通常、特殊効果の目的は、どんなに非現実的な映画世界においてさえも迫真性を生み出すことにある。〈ビジュアルエフェクト〉とも比較のこと。

トラッキング・ショット（tracking shot）〈ドリーショット〉を参照のこと。

トラベリング・ショット（traveling shot）〈ドリーショット〉を参照のこと。

ドリー（dolly）カメラがスムーズに、またノイズを立てることなく動画を撮るための台車のこと。しばしばレール上を走行する。

▲TV ドラマ『ザ・ソプラノズ 哀愁のマフィア（*The Sopranos*）』（1999-2007）の撮影時にレールを走るドリー

ドリーアウト（dolly out） カメラが被写体から離れていく動きのこと。緩やかな開示（カメラを動かし、新たな情報をフレーム内に徐々に入れていく技法。これにより、観客が最初に抱いた主題や状況の理解を、拡大したり変化させたりする）のためにしばしば用いられる。

ドリーイン（dolly in） カメラが被写体へとゆっくり移動すること。対象はフレーム内でより大きく見えることになる。登場人物の認識やひらめきを表現するのにしばしば用いられる。

ドリーショット（dolly shot）「移動ショット」ともいう。ドリーと呼ばれる台車に取り付けられたカメラによるショット。ドリーが軌道を動くのであれば、そのショットはドリーショットと呼ばれる。

【ナ】

内部音（internal sound） 物語世界の音響の一形態。ある登場人物には聞こえる（あるいはそう感じられる）が、他の登場人物には聞こえない音響。〈外部音〉とも比較のこと。

内容（content） 芸術作品の主題。〈形式〉とも比較のこと。

長回し（long take）「シークエンスショット」ともいう。通常のショットよりもずっと長く続く切れ目なしのショットのこと。長回しは1分程度の場合もあれば、映画全編を通じて続く場合もある。長回しの基本アプローチは次の2つである。(a) 可動のフレームを用いるものと、(b) 観客の視点を相当程度釘づけの状態に置くもの。

ナラティブ（narrative） コンテンツが時系列的に因果関係の流れにそって選択・配置されるという映画の構造。

ナラティブ映画（narrative film）「フィクション映画」ともいう。映画製作者の心に胚胎した物語を（登場人物、場所、出来事によって）語る映画。ナラティブ映画のストーリーは、すべてが想像上のこともあれば、実際に

起きたことがもとになっている場合もあり、現実的でもあれば非現実的でもあり、その両方の場合もある。

ナレーション（narration） 映画のストーリーを語る行為。映画のナレーションの主たる出所はカメラであり、スクリーン上の出来事を示すことでストーリーを語る。「ナレーション」という語が「ボイス・ナレーション」と狭義に用いられる場合は、スクリーン上あるいはスクリーン外の声による解説を指す。映画の登場人物のいずれかによってその解説が語られるのでない場合は、それは〈全知的〉なナレーションである。映画内のいずれかの登場人物によって語られる場合は、それは〈一人称ナレーション〉である。

ナレーター （narrator） 映画のストーリーを語る人物ないしはモノ。映画の主たるナレーターはカメラであり、映画の出来事を示すことで映画を語る。「ボイス・ナレーション」という狭義の行為に用いられる場合は、映画の一人物（一人称ナレーター）のこともあれば、登場人物でない人物〈全知的ナレーター〉のこともある。

ノーマルレンズ（normal lens）〈中焦点レンズ〉を参照のこと。

【ハ】

ハイアングル・ショット（high-angle shot）「ハイショット」「ダウンショット」ともいう。アクションよりも高い位置にあるカメラで撮ったショットであり、被写体に対して見る側の優越感を含意することが多い。〈ローアングル・ショット〉とも比較のこと。（次頁の図版参照）

▲フリッツ・ラング監督『M（*M*）』（1931）でのハイアングル・ショット

ハイキー照明（high-key lighting） 光と影のコントラストがほとんどなくなる映像を生み出す照明法。被写体に均等かつフラットに照明を当てることになる。〈ローキー照明〉とも比較のこと。

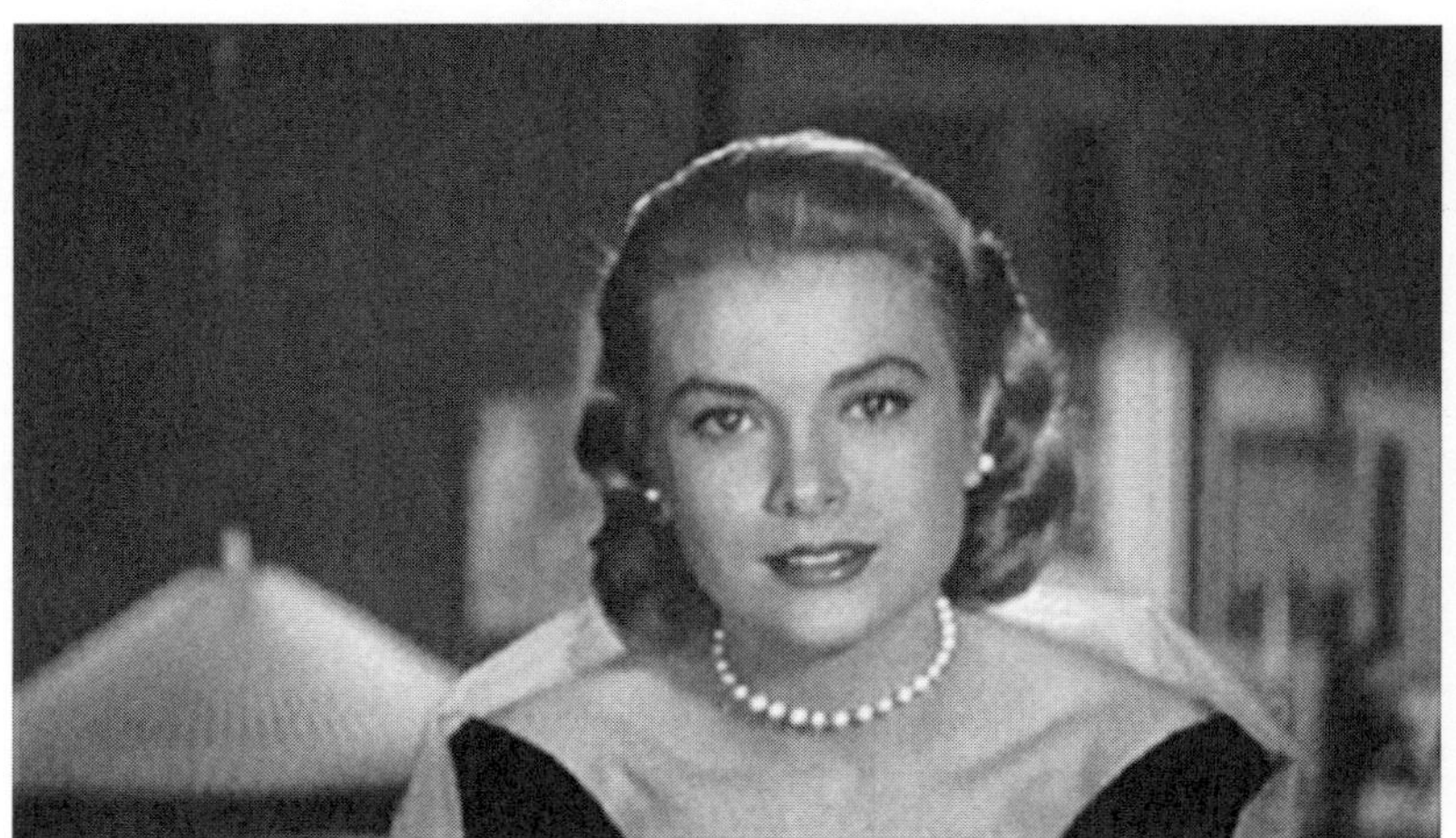

▲アルフレッド・ヒッチコック監督『裏窓（*Rear Window*）』（1954）でのこのグレース・ケリーのショットは、ハイ・キー照明によるものである。

背景音（ambient sound） 撮影中のセットや環境の背景から聞こえるように感じられる音響。撮影中に録音される場合もあれば、撮影後に追加される場合もある。

背面光（backlight）「リムライト」ともいう。被写体とカメラを結ぶ線の延長上にあって、被写体の背後に据えられた照明で、被写体を背景から切り離す手段として用いられる。被写体を背面光とカメラとの間にじかに置くと、被写体はシルエットとして浮かぶ。影を利用して目に見えるような表面上の細部は消去され、登場人物は抽象化される。このことが、その場面の文脈次第で、被写体を恐ろしげな、あるいは印象的なものにする。

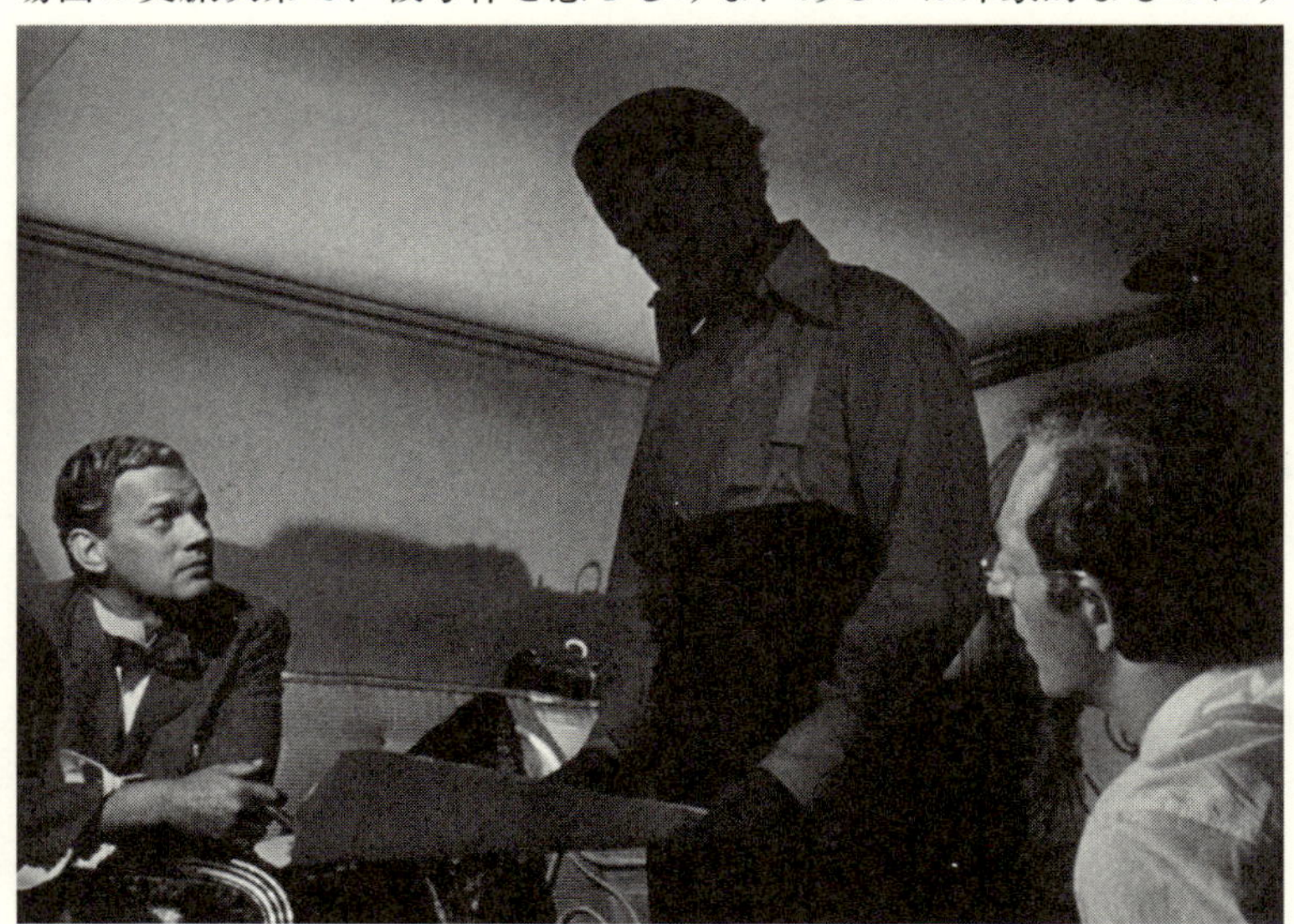

▲背面光を用いたシルエットの例。『市民ケーン（*Citizen Kane*）』（1941）より。

迫真性（verisimilitude） 本物らしいこと。（どんなに空想的であったり非現実的であったとしても、人びとや場所などの）スクリーン上のものが「本当にそこにある」ように感じられたなら、その映画には迫真性がある。

バックストーリー（backstory） スクリーン上に示される映画の物語の背後にある虚構のストーリー。バックストーリーの要素は、ナレーション

によって示されるか、あるいはまったく明らかにされないまま、映画内で暗示される。

場面（setting） ストーリーが生起する時間と空間のこと。

パラレル編集（parallel editing）「クロスカッティング」ともいう。別々の場所で起きる2つかそれ以上のアクションを交互に往還すること。パラレル編集は救助といったシークエンスではおなじみの手法であり、さまざまなアクションをひとつに収束する。

パンショット（pan shot） 固定三脚の回転ヘッドに据えられたカメラが水平に動くことで撮られるショット。

パンフォーカス（deep-focus cinematography） ディープ・スペース構図において、3つの平面（後景、中景、前景）すべての人物にピントを合わせる撮影法。

被写界深度（depth of field） 焦点が合っているように見える被写体側の距離の範囲のこと。

ビジュアルエフェクト（visual effects, VFX） ポスト・プロダクションの段階でコンピュータを用いて創成・統合された効果のこと。デジタル時代においては、ビジュアルエフェクトのデジタル・アニメーションによってより正確に、かつ低コストで舞台や背景を作り出せるため、特殊効果の影は薄くなった。ビジュアルエフェクトによる背景は、ファンタジー映画やSF映画の目を見張るような空想世界で用いられることが多いが、現代の背景（それも相当日常的なものも含む）を撮る際にも利用される。俳優は一色に統一された背景（明るい緑色であることが多いため、「グリーンスクリーン」と呼ばれる）で演じ、次にコンピュータが生成したイメージに移し置くクロマキーが施され、最後にデジタルで作られた場面に置かれることになる。〈特殊効果〉とも比較のこと。

美術監督（art director） 製作デザイナーの構想をスクリーン上の現実へと変換する人物。製作に必要な演出上の諸条件を考慮し、美術部門のス

タッフを統括する。

非同期音（asynchronous sound） 映像に存在するものから聞こえる音響、ただしその映像内で起こっている行為とは厳密にはテンポが合っていない音響。

非同時音響（nonsimultaneous sound） あらかじめ用意されていた音響で、ナラティブ上または表現上の効果をねらって再生されるもの。非同時音響は、登場人物が会話を想起させる声や、場所や出来事、その他のナラティブの重要な要素にフラッシュバックするときに流れることが多い。〈同時音響〉とも比較のこと。

非物語世界的要素（nondiegetic element） 映画の物語世界の外部に由来しながらも、われわれがスクリーン上で見たり聞いたりするもの（バックグラウンド・ミュージック、タイトルやクレジット、ボイスオーバーのナレーションなど）。〈物語世界的要素〉とも比較のこと。

180度システム（180-degree system）「180度ルール」ともいう。映画製作者が〈スクリーン方向〉を維持するための基本的手段。観客を定位し、アクションが起こる映画空間の感覚を確立する。このシステムは、いかなるシーンにおいても協働する3つの要素に依拠している。(a) シーンのアクションは、カメラの一方向でのアクションを追う仮想上のラインに沿って動かねばならない。(b) カメラは一貫してそのライン側を撮らねばならない。(c) 製作側の者（特に監督、カメラマン、編集担当、俳優）は全員、このシステムを理解し従わねばならない。（次頁の図版参照）

非連続編集（discontinuity editing） 編集の一様式。連続編集ほど用いられることは多くなく、実験映画にしばしば使われるが、それに限定されるわけではない。AというショットとBというショットを観客の予想を裏切る形で組み合わせ、瞬間的な錯乱や混乱を生じさせる。非連続性をねらった映画におけるショットの並列は、唐突でねらいがはっきりしない印象を与えることがしばしばだが、そうした調和のとれていない編集から生まれる意味は、整然と並べられた個々のショットから生まれる意味を超えることが往々にしてある。

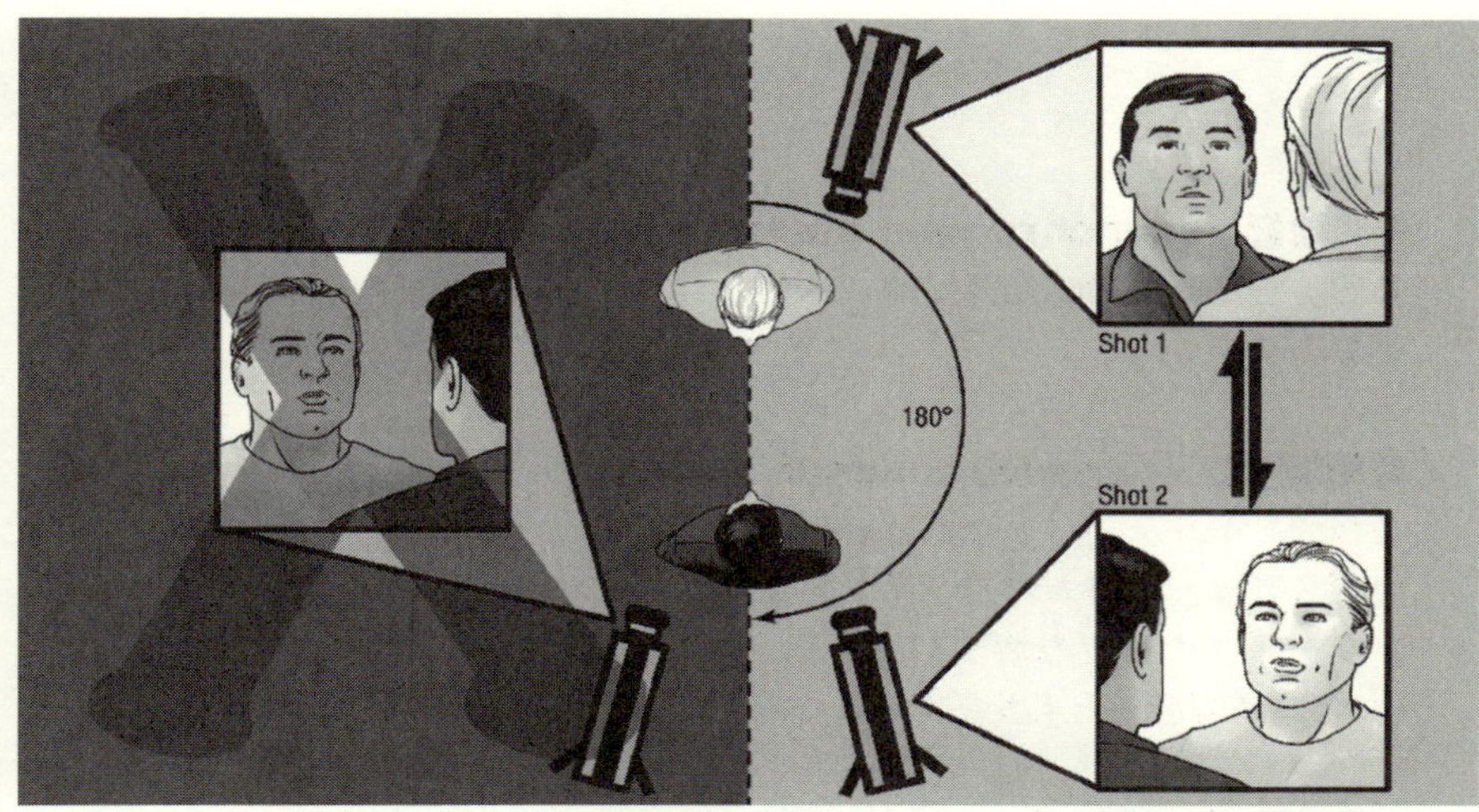

▲上図は、向かい合った２人の俳優を撮影する場合に、180 度システムをどのように適用するかを示したもの。ショット１とショット２は、同一の 180 度空間内の位置から撮られたものである。観客がこれらのショットをスクリーンで見ると、俳優たちの相対的な位置がつかめることになる。カメラが反対側の 180 度空間に配置されると、俳優たちの向きは逆転し、ショット１やショット２と一緒に使うなら観客は混乱してしまう。

ファストモーション（fast motion） 上映中のアクションを加速する映画技法。通常の秒速 24 フレーム（fps）以下の比率で撮影することで可能となる。それを標準の 24 fps で映写すると、カメラの前での実際のアクションよりも高速で映画時間が進行する。〈スローモーション〉とも比較のこと。

フィルム（film stock） 映画を記録するのに用いられるセルロイド製のフィルム。フィルムによって、照明、色彩、コントラスト、被写界深度は異なり、よって映像技師は細心さをもってフィルムを選択する。〈コーデック〉とも比較のこと。

フィルムストック速度（film-stock speed）「フィルム速度」「露光指数」ともいう。カメラが被写体を的確に捉えるためにフィルムが動く速度のこと。きわめて高速で動くフィルムは対象を捉え固定するのに照明をそれほど必要としないが、きわめて低速で動くフィルムは照明をおおいに必要とする。

フィルライト（fill light） キーライト側のカメラとは逆側に据えられた照明のことで、明るいキーライトによってできた陰影を補正するのに用いられる。フィルライトはレフ板からも届く場合がある。

ブーム（boom） カメラには写らない上方で、マイクを空中に支えるための棒状の器具。ほぼどんな方向にも動かすことができる。

フェードイン / フェードアウト（fade-in / fade-out） モノクロ映画では黒一色の状態から、カラー映画の場合はあるカラー一色の状態から、映像が徐々に見えてくるのがフェードイン、逆に映像が消えていくのがフェードアウト。〈ディゾルブ〉とも比較のこと。

フォーリー・サウンド（Foley sound） ユニバーサルスタジオの音響技師であったジャック・フォーリーによって1930年代に開発された効果音のこと。「フォーリー・アーティスト」と呼ばれるようになった音響担当者たちは、特殊な設備が備わったスタジオで、効果音を創り出した。さまざまな小道具や機材を利用し、泥のなかを歩く足音、クルマのキーががちゃがちゃ鳴る音、皿にナイフが当たる音などがこれに当たる。

プライム・レンズ（prime lens） 焦点距離が固定されたレンズのこと。短焦点レンズ、中焦点レンズ、長焦点レンズはいずれもプライム・レンズであるが、ズームレンズは、焦点が可変であり、独自のカテゴリーに属する。

フラッシュバック（flashback） ナラティブにおいてアクションが現在から過去の出来事に飛ぶという、映画時間の操作のこと。この過去の出来事とは、映画においてすでに直接ないし間接に言及されている場合もあれば、そうでない場合もある。〈フラッシュフォワード〉とも比較のこと。

フラッシュフォワード（flash-forward） ナラティブにおいてアクションが現在から未来の時間に飛ぶという、映画時間の操作のこと。たとえば、これから起こることを、全知的視点が直接明らかにしたり、登場人物が自分の視点から想像したりする。〈フラッシュバック〉とも比較のこと。

フラッドライト（floodlight） 柔らかな（拡散する）照明を生み出すライト。

〈焦点スポットライト〉とも比較のこと。

プラン・アメリケン（*plan américain*）「ミディアム・ロングショット」を参照のこと。

プリ・プロダクション（preproduction） 製作過程における最初の計画・準備段階。プリ・プロダクションに後続するのが、「製作」と「ポスト・プロダクション」である。

プル・フォーカス（pull focus） カメラ、被写体、あるいはその両方が動きながらも、被写体に焦点を当て続ける手法。〈ラック・フォーカス〉とも比較のこと。

フレーミング（framing） カメラマンが動画の枠内（フレーム）に何を映すかを決定するプロセス。

フレーム（frame）（a）１枚の静止画（コマ）。他の静止画と高速に連続して記録されることで、動画を形成する。（b）動画の境界のこと。この境界内で形式要素が構成される。

プロセス・ショット（process shot） 半透明なスクリーンに背景を映し出し、撮影すること。

プロダクション・デザイナー（production designer） 監督、美術監督、撮影監督と密接に協働し、スクリーン上に提示される映画を構想する人物。プロダクション・デザイナーはアーティストであると同時に重要職でもあって、（個々のセット、ロケ地、装飾、小物、衣装にくわえ）全体的なデザインのコンセプト、すなわち映画の〈見栄え〉に責任を負い、その見た目を作り上げる多くの諸部門（美術、衣装、デザイン、建築物、ヘアスタイル、メーク、衣装、ロケ地など）の長を統括する責任を負う。

プロダクション・バリュー（production value） 映像に当てられる人的・物理的資源の総体のことで、照明のスタイルもこれに含まれる。プロダクション・バリューは映画の全体的なスタイルを決定する。

ブロッキング（blocking） 人物やセット間の位置関係。また、そうした位置関係を決めていくプロセスのこと。

プロット（plot） 映画のナラティブを観客に対し効果的に映し出してみせるために、映画監督が選択・配列するアクションや出来事、そしてその順序のこと。〈ナラティブ〉〈物語〉とも比較のこと。

プロット長（plot duration） ナラティブの出来事が経過したとされる時間を明示的にスクリーン上に示すこと。〈スクリーン長〉〈物語長〉とも比較のこと。

プロット・ポイント（plot point） ナラティブを新たな方向に転じる重要な出来事のこと。

プロデューサー（producer） 当初の準備から公開に至るまでの映画製作の全過程を統括する人物。製作の組織的諸側面、および資金調達からその使途に至るまでの諸側面について責任を負う。

分割スクリーン（split screen） カメラ内もしくは編集過程においてスクリーンを分割することで、2つのストーリーを同時に展開する手法をいう。対比のためにショット間を往来する〈パラレル編集〉とは違って、分割スクリーンは同一フレーム内で複数のストーリーを展開することができる。

平板なキャラクター（flat character） きわだった特徴をほとんどもたず、ストーリーが進行していってもそれほど変化しない、比較的単純な登場人物。〈立体的キャラクター〉とも比較のこと。

編集（editing） 編集者が個々のショットを全体としての映画に統合するプロセス。映画の土台となる創造力が発揮される。

ボイスオーバー・ナレーション（voice-over narration） あるシーンから共時的に聞こえてくるナレーションであるが、スクリーン上のいかなる人物ともシンクロしない。第三者であるナレーター（登場人物ではない）、

あるいはそのショットの外部にあってアクションにコメントする一人称のナレーターが、声の主である。

ホールド・フレーム（hold-frame）〈コマ止め〉を参照のこと。

望遠レンズ（telephoto lens）〈長焦点レンズ〉を参照のこと。

ポスト・プロダクション（postproduction） 製作過程の３つ目の段階で、編集、最終プリント、観客に映画を届けること（マーケティングと配給）から成る。ポスト・プロダクションには〈プリ・プロダクション〉と〈製作〉とが先行する。

【マ】

マスターショット（master shot） シーンのアクションをひと続きのテイクのなかでカバーするショット。通常マスターショットは、そのシーンの登場人物全員が映るように〈ロングショット〉で撮られる。マスターショットは、〈カバレッジ〉（同一のアクションを複数のアングルとタイプかでカバーするショット群。その目的は、編集者に最善の視点を選ぶ自由を与えることにある）から編集されるショットの基準として用いられる。

マッチ・オン・アクション・カット（match-on-action cut）「カッティング・オン・アクション」ともいう。全アクションを実際に見せることなしに、空間における人物やモノの連続した動きを見せるマッチカットのこと。動きの提示を省くために比較的よく用いられる編集技法である。
（次頁の図版参照）

▲ジョン・フォード監督『駅馬車（*Stagecoach*）』（1939）におけるマッチ・オン・アクション・カットの古典的例。医者のブーンがバーに入り、ウィスキーの瓶を指さして「あれをもらえるか？」と尋ねる [1] 。別の登場人物が瓶をカウンター上に滑らせて彼にわたす。次のショットのカットでは、ブーン医師がボトルを受けとり、一杯注ぐ [2]。

マッチカット（match cut） 2つのショット間の連続性を保つショットのこと。マッチカットにはいくつかの種類があり、〈アイライン・マッチカット〉〈グラフィック・マッチカット〉〈マッチ・オン・アクション・カット〉などがある。

ミキシング（mixing） さまざまなサウンドトラックを、映像と同期した単一のトラックに合成する作業のこと。

ミザンセヌ（mise-en-scène） フレーム内のすべての要素の構成もしくは演出。セット、メーク、俳優、照明、人物の動きなどがこれに含まれる。

ミディアム・クローズアップ（medium close-up, MCU） 人物を胸部の中央から頭部の頂点まで映すショットのこと。ミディアム・クローズアップは人物のポーズのディテールを映し出すだけでなく、表情の微妙な変化を捉える。

▲ビリー・ワイルダー監督『サンセット大通り（*Sunset Boulevard*）』（1950）より、グロリア・スワンソンのミディアム・クローズアップ

ミディアムショット（medium shot, MS） 通常、人物の腰から上を映し出すショット。

▲トム・フーパー監督『英国王のスピーチ（*The King's Speech*）』（2010）のミディアムショット

ミディアム・ロングショット（medium long shot, MKS）「プラン・アメリケン」「アメリカン・ショット」ともいう。人物の膝から上を映すショットで、人物の体の大部分が映し出される。

▲フレッド・ジンネマン監督『真昼の決闘（*High Noon*）』（1952）でのミディアム・ロングショット

ムービング・フレーム（moving-frame）動画イメージをかこむフレームの動的機能によって実現する。動きのあるアクションを収めるだけでなく、その視点も動かしたり変えたりできる。

明示的意味（explicit meaning）映画が表向き示す意味のこと。〈暗示的意味〉とも比較のこと。

メカニカル効果（mechanical effect）機械仕掛けで生み出される特殊効果のこと。

目標（goal）主人公によって追求される、物語上重要な目的。

モチーフ（motif） 繰り返して起こる視覚的、音響的、またはナラティブ上の要素のことで、なんらかの意味を伝える。

物語空間（diegesis） 物語の全世界のこと。事件、登場人物、モノ、セット、音響によって、物語が起こる世界が形成される。

物語世界的要素（diegetic element）（事件、登場人物、モノ、セット、音響のように）映画のナラティブが生起する映画世界の一部となる要素。〈非物語世界的要素〉とも比較のこと。

モンタージュ（montage）（a）フランス語の「編集」に当たる語。「並べる」「合成する」を意味する動詞 monter から造られた。（b）1920 年代の旧ソ連において、セルゲイ・エイゼンシュテインといった映画理論家や監督によって開発された、アイディアを表現する多様な編集様式のこと。

モンタージュ・シークエンス（montage sequence） 時間にそって生起するいくつもの出来事を同時に捉えたショットを統合したもの。「モンタージュ編集」と混同してはならない。モンタージュ・シークエンスは、アクション群をとりまとめることが必要だが、ひとつひとつのアクションをとりあげていると時間がかかりすぎる場合に、時間圧縮の目的で用いられる。

【ヤ】

要約関係（summary relationship） スクリーン長がプロット長よりも短いことをいう。〈リアルタイム〉〈ストレッチ関係〉とも比較のこと。

【ラ】

ラック・フォーカス（rack focus） 同一ショット内で焦点を当てている被写体から別の被写体へと映すこと。ラック・フォーカスを用いると、観客の注意は新たに焦点を当てられた被写体に移り、前の被写体はぼやけることになる。

ラボラトリー効果（laboratory effect） 現像所において現像や焼き付けによって生み出される特殊効果のこと。〈インカメラ効果〉〈CGI〉とも比較のこと。

リアルタイム（real time） なにかが起きる実際の時間のこと。リアルタイムでは、〈スクリーン長〉と〈プロット長〉は正確に同じである。多くの監督が映画内でリアルタイムを用い、スクリーン上に断続した「リアリティ」を生み出そうとするが、映画全体でリアルタイムを用いることはまれである。〈映画時間〉〈ストレッチ関係〉〈要約関係〉とも比較のこと。

リショット（reshot） 監督の要求に合わせるためにあるショットを再度撮ること。製作過程で必要となる補助資料として撮られることもある。

立体的キャラクター（round character） 微妙にして、抑圧された、矛盾する特徴を多く有する複雑な登場人物のこと。立体的キャラクターは、ストーリーの進展とともに成長し変化することが多い。〈平板なキャラクター〉とも比較のこと。

リバースアングルショット（reverse-angle shot） 先行するショットのアングルとは逆のアングルから撮られたショットのこと。

リフレーミング（reframing） ショットの構図や視点を調整したり変化させたりするためにカメラがとる動きのこと。

レンズ（lens） カメラ内の透明な素材でできた部品。感光中のフィルムに映像を結ぶ役割をなす。主な種類に、〈短焦点レンズ〉、〈中焦点レンズ〉、〈長焦点レンズ〉、〈ズームレンズ〉の4つがある。

連続編集（continuity editing） 編集様式のひとつで、円滑さ、連続的な流れ、観客の時間的･空間的没頭をねらいとする。すなわち、ストーリーを可能な限り明快かつ一貫した形で語ること。〈非連続編集〉とも比較のこと。

ローアングル・ショット（low-angle shot）「ローショット」ともいう。下方に据えられたカメラから見上げるように撮ったショットのこと。見る者を劣等感を覚えさせる位置に置くことが多い。〈ハイアングル・ショット〉とも比較のこと。

▲スパイク・リー監督『ドゥ・ザ・ライト・シング（*Do the Right Thing*）』（1989）でのローアングル・ショット

ローキー照明（low-key lighting） 被写体に照明を当てる際のアプローチのひとつ。キーライトによって生み出される影の深さが、補助光によって補正されることはほぼない。ローキー照明の特徴は、深みのある影、そして照明と影との強いコントラストである。〈ハイキー照明〉とも比較のこと。

▲チャド・スタエルスキー監督『ジョン・ウィック（*John Wick*）』（2014）では、ローキー照明が使われている。

ロケーション撮影（on location） スタジオではなく、実在する屋内または屋外のロケーションで撮影すること。〈セット〉とも比較のこと。

ロングショット（long shot, LS）「全身ショット」ともいう。人の全身を映し出すショットであり、フレーム一杯を使い、周囲のものもいくらか捉えるのが通常である。

▲オーソン・ウェルズ監督『市民ケーン（*Citizen Kane*）』（1941）でのロングショット

【ワ】

ワイドスクリーン（wide screen） 1.33:1 よりも縦横比が大きなスクリーンのこと。

ワイプ（wipe） ショット転換の一技法。ショットＢがショットＡに、垂直または水平に覆い被さっていく手法。

訳者あとがき

教師という職業柄、学生の書いた論文やレポートを読む機会が多い。新入生対象のゼミの担当になれば、レポートの書き方の指導もする。どちらも骨の折れる仕事だが、誠実に取り組んでいるつもりだ。だが、そうやって苦労して書かせたレポートなのに、（多少の例外は別として）なかなかよいものにお目にかかれない。ある学生はコピペだらけのレポートを提出するし、またある学生は参考文献がひとつもない、自称「オリジナリティ」のある「感想文」を提出する。かと思えば、文意のまったく通じないレポートを呻吟しながら読まされることも、一再ならずある。

案ずるにこれは、学生に少しも関心がもてないテーマで書かせたのが原因ではないか。訳者は人文学部という組織に所属しているものの、根っからの文学好きとか、筋金入りの歴史マニアとか、哲学や思想談義に夢中といった、伝統的な文化系学生のイメージにフィットする学生にあまり出会ったことがない。もちろん、いることはいるのだが、少数派である。学生たちの名誉のために急いでつけくわえるが、あながち彼らを責められない。使い古された言葉だが、ポストモダン的状況、グローバル化の混迷のなかで、学生たちは彼らなりに自分のアクチュアルな関心を育み、分断された自分を再構築しようと懸命に努力している。

そう考えた訳者は、あるときレポートを課すにあたって、「なんでも自分の好きなテーマで書いてよい。ただし、参考文献は10冊以上読み、文章はあくまで分析的に、論理的に、明晰に、自分の言葉で書くこと」と、学生たちに告げた。結果として、これは存外うまくいった。興味のないテーマで書かせても面白いレポートが出来上がるはずはないが、このときはどのレポートも、やや荒削りではあっても、面白く読めた。そのなかに何点か、映画をテーマにしたものがあった。「そうか、学生たちも映画は好きなんだな」

本書の企画は、このときスタートした。学術論文・レポートのお堅いイメージに恐れをなす学生も、映画が素材であれば無理なく取り組めるのではないか。むろん、映画を論じるには、ただエンターテインメントとしてあつかってはダメで、相応の知識や素養が必要だし、どんな学問分野にも共通する技法を身につけておかねばならない。それでもやはり、映画をとっかかりとすれば、なにより映像・ビジュアルなので苦労はずっと少なくてすむ。

どんな文化事象も誕生当初は、価値が低いとか通俗的だと見なされがちだが、時の経過とともに一級の文化へと昇格する傾向がある。浮世絵、ジャズ、アニメがよい例で、映画もその例に洩れない。いまや映画は立派に学術研究の対象である。日本で映画（学）の科目を開講している大学はけっして多くないが、アメリカの大学などでは珍しくない。海外によい出版物はないかと探すうちに、これはと目にとまったのが本書である。

3人のすぐれた映画研究者によって著わされた原著 *Writing About Movies* は、2013年に刊行されるや、たちまち北米と英国で好評を博し、5版を重ねるに至った。英語圏では、映画で論文・レポートを書く学生なら全員もっているといわれるほど、スタンダードなハンドブックとして知られる。事実、300を超える大学で教科書として採用されるという実績を誇っている。なお、第3章でもふれた、同じ著者らによる『映画を鑑賞する――映画研究入門（*Looking at Movies*）』（邦訳は未刊）も、映画の観方や映画用語を知る好個の入門書として高い評価を得ていることを付記しておく。映画鑑賞のノウハウについてさらに理解を深めたいと願う読者は、こちらも参照されたい。

本書の特色を以下にまとめておく。

・アカデミック・ライティングをやさしく、実践的に解説

大学での論文・レポートは、商用文の「ビジネス・ライティング」とも、小説や詩歌や劇作といった「クリエイティブ・ライティング」とも違う。しかし、共通する部分もある。たとえば、一定の書式にしたがって明快に書く点ではビジネス・ライティングと似ているし、独自性が求められる点ではクリエイティブ・ライティングと同じである。よい論文・レポートは、上質の推理小説のように、読みやすく、またたまらなくスリリングである。本書はそうした心得を、平明に解説している。

・たんなるハウツー本を超えた、学術的情報を提供

映画をあつかいながら、学術研究の最前線にふれることができる。たとえば、現代の批評には「形式分析」「内容分析」が不可欠な要素だが、映画を素材に理解しやすいよう工夫が凝らされている。

・簡潔にして網羅的な用語集

いかなる分野にも専門用語がある。その知識なしにアカデミック・ライティングは不可能である。本書の第3部には、映画研究に必須の専門用語が魅力的な写真や図とともに解説され、初学者へのよき手引きとなっている。

本書は映画をあつかってはいるが、文系学部に在籍する学生なら専攻のいかんにかかわらず役立つものと確信する。ただ通読するだけでなく、レポート・論文執筆時にはおりふし手にとってもらいたい。本書が学生たちにとって、本格的な学術研究への導き手となれば望外の悦びである。

末筆になるが、本書の刊行を支えてくださった多くの方々に感謝したい。なかでも小鳥遊書房の高梨治さんには、お世話になりっぱなしであった。私がかつて愛読したゴジラやウルトラQ関連の書籍を手がけた編集者であり、その高梨さんが本書を担当してくださったことに不思議な運命を感じる。このたび高梨さんは長年在籍した老舗の学術出版社から独立し新たな書肆を立ち上げたが、その船出に立ち会えたことも奇縁としか言いようがない。最後に、本書が武蔵大学研究出版助成を受けて刊行されることにもふれておかねばならない。知的刺激に満ち、それでもどこか静謐さをたたえた武蔵大学の環境がなければ、本書は完成に漕ぎ着けなかったと思う。記して謝意を表す。

地吹雪舞う津軽の地にて　土屋武久

２０１９年2月

【著者】

カレン・M・ゴックシク
(Karen M. Gocsik)

ケース・ウェスタン・リザーブ大学より Ph.D. 取得（英文学）。
なによりもアカデミック・ライティングの指導に専心し、ダートマス大学を経て、
現在カリフォルニア大学サンディエゴ校教授、
同大学のアナリティカル・ライティング・プログラムの責任者を務める。
著書に *Writing About American Literature* (W.W.Norton & Company) など。

デイブ・モナハン
(Dave Monahan)

コロンビア大学より M.F.A. 取得（映画学）。
脚本や監督を手がけた映画は 70 本を超え、シアトル国際映画祭審査員賞など数々の賞に輝く。
現在ノースカロライナ大学ウィルミントン校准教授として脚本執筆や映画製作を講じる。

リチャード・バーサム
(Richard Barsam)

南カリフォルニア大学より Ph.D. 取得（英文学）。
その後映画学に関心を転じ、ニューヨーク市立大学ハンターカレッジで長く映画学の教授を
務めた。現在は同大学名誉教授。
著書に *Nonfiction Film: A Critical History*（インディアナ大学出版局）など。

【訳者】

土屋武久
（つちや　たけひさ）

南イリノイ大学より M.A. 取得（メディア英語）。
現在武蔵大学教授。
共著に『武蔵大学公開講座 言葉と文化・文学』（御茶の水書房）、
訳書に『メディア文化研究への招待』（ミネルヴァ書房）など。

映画で実践！(えいが じっせん)アカデミック・ライティング

2019年3月28日　第1刷発行

【著者】
カレン・M・ゴックシク
デイブ・モナハン
リチャード・バーサム

【訳者】
土屋武久

©Takehisa Tsuchiya, 2019, Printed in Japan

発行者：高梨 治
発行所：株式会社小鳥遊(たかなし)書房
〒102-0071　東京都千代田区富士見1-7-6-5F
電話 03 (6265) 4910（代表）／FAX 03 (6265) 4902
http://www.tkns-shobou.co.jp

装幀　坂川朱音（朱猫堂）
印刷　モリモト印刷株式会社
製本　株式会社難波製本

ISBN978-4-909812-07-0　C0074

本書の全部、または一部を無断で複写、複製することを禁じます。
定価はカバーに表示してあります。落丁本・乱丁本はお取替えいたします。